ŒUVRES
COMPLÈTES
DE PARNY,
POÈTE CÉLÈBRE.

NOUVELLE ÉDITION.

TOME I.

MÉLANGES.

Paris,
CHEZ LES MARCHANDS DE NOUVEAUTÉS.

1834

ŒUVRES
COMPLÈTES
DE PARNY.

TOME I.

ŒUVRES
COMPLÈTES
D'ÉVARISTE PARNY,

POÈTE CÉLÈBRE.

NOUVELLE ÉDITION.

TOME PREMIER.

Paris,
CHEZ LES MARCHANDS DE NOUVEAUTÉS.

1831.

NOTICE
SUR LA VIE ET LES OUVRAGES DE PARNY.

Il est peu de poètes, parmi tous ceux qui ont illustré la littérature française, qui aient été doués, comme Parny, du génie des vers, et de cette facilité qui se montre dans ses différens ouvrages. Le sentiment exquis, la délicatesse charmante qui règnent dans toutes ses poésies; le ton de vérité, la grâce naturelle et sans prétention avec laquelle il peint et les tourmens et les plaisirs de ses amours, joints à la pureté, à l'élégance de sa diction, ont placé Parny au-dessus de tous les poètes élégiaques et érotiques que nous possédons, et lui assurent à jamais le surnom de *Tibulle français*, que lui ont décerné les admirateurs de la poésie légère. On doit d'autant plus louer Parny d'avoir imprimé à ses ouvrages les caractères que nous venons de signaler, qu'à l'époque où il écrivait un genre faux et exagéré s'était propagé, et dominait dans presque toutes les compositions littéraires. Il eut donc à lutter contre l'influence de ce goût pernicieux, et il prouva par ses délicieuses productions que le naturel et la simplicité ont mille fois plus de charmes que l'afféterie que l'on remarque sans cesse dans les poésies de la plupart de ses contemporains. Parny, en un mot, est, selon l'opinion des gens de goût, l'un des poètes les plus remarquables qui ont terminé le siècle philosophique dans lequel il vécut.

Evariste-Désiré Desforges, chevalier, puis vicomte de Parny, naquit à l'île Bourbon, le 6 février 1753. Il était à peine âgé de neuf ans lorsque ses parens l'envoyèrent en France, où il fit ses études à Rennes. Les souvenirs de collège n'avaient laissé dans l'âme de Parny qu'un sentiment d'indifférence et même de dédain, et il ne se les rappelait que pour s'applaudir de ce qu'elles n'avaient pas affaibli les avantages dont la nature l'avait doué. Lorsqu'il eut terminé ses études, son imagination passionnée lui persuada que la religion était la seule carrière à laquelle il devait se vouer; il entra dans un couvent de trapistes à Paris, et se soumit aux règles austères de cet ordre. Son confesseur, craignant peut-être que son âme trop vive ne l'égarât dans l'observation de ses devoirs, lui défendit de lire la Bible. Parny fut frappé de cette défense, et au bout de quelques mois il s'aperçut, après de mûres réflexions, qu'il avait choisi un état tout-à-fait opposé à son caractère et à ses dispositions naturelles. Il quitta le cloître, et, dominé par des idées toutes différentes de celles qu'il avait eues jusqu'alors, il embrassa la carrière militaire. La légèreté et les manières agréables des jeunes officiers ses camarades lui plurent, et il adopta les maximes épicuriennes qui réglaient leur conduite. Bientôt, ayant obtenu un congé, il repartit pour l'île Bourbon. Là il vit Eléonore, qui lui a inspiré les vers délicieux qu'il nous a laissés : cette jeune créole, ornée de ces grâces qui captivent aisément le cœur de l'homme, charma Parny; et la jeune fille, après quelque résistance, se livra tout entière à la passion que lui inspirait l'amant dont elle était si tendrement aimée. Elle avait treize ans, et Parny en avait vingt. L'amour qu'il ressentait pour Eléonore le porta à vouloir s'unir à elle par des liens indissolubles; mais son père refusa de consentir à cette union, et l'infortuné Parny vit bientôt après sa tendre Eléonore passer dans les bras d'un autre, et tout espoir de bonheur s'évanouir pour lui. Il revint alors en France; et, pour oublier son malheur, ou du moins pour en alléger le douloureux souvenir, il peignit, dans des vers pleins de feu et de sentiment, les plaisirs qu'il avait goûtés près de cette charmante Éléonore qu'il adorait toujours. Tous ses efforts furent inutiles; l'impression profonde qu'elle avait faite sur son âme ne s'effaça jamais. Devenue veuve, elle lui offrit sa main; mais alors elle était mère de plusieurs enfans, et n'était plus cette Éléonore qui avait captivé Parny, et à laquelle se rattachaient toutes les illusions de sa jeunesse; cependant telle était la force de la passion qu'elle lui avait inspirée, que dans sa vieillesse une lettre qu'il reçut d'elle l'attendrit encore et lui causa une profonde émotion.

Il publia en 1775 le recueil de ses élégies érotiques, genre inconnu jusqu'à lui dans la littérature française, et dans lequel aucun de ses imitateurs n'a pu l'atteindre. Nous citerons parmi ceux-ci l'un de ses amis, Bertin, qui, enviant pour ainsi dire les succès qu'il obtenait, voulut aussi chanter ses amours sur le ton de l'élégie; mais il est loin d'atteindre la grâce et la pureté de Parny; en général le style de Bertin est maniéré, le travail se fait sentir dans ses vers, qui néanmoins ne sont pas sans mérite et sans agrémens. La harpe, dont le jugement est souvent entaché de partialité et même d'injustice, préférait la froideur de Bertin au naturel de Parny. Nous opposerons à l'opinion de La Harpe celle de M. Dussaux, critique non moins habile, qui s'exprime ainsi : « Si le feu de l'imagination pou- » vait, dans l'élégie, remplacer d'autres flammes; » si la richesse et la fertilité des idées y faisaient » excuser l'aridité des sentimens; si l'abondance » des expressions et la chaleur des mouvemens » suppléaient dans ce poème à cette mesure; à

» cette justesse, à cette perfection de goût, qui
» en sont les conditions principales, et à cette
» précision du cœur, plus sévère encore que celle
» de l'esprit, la couronne resterait incertaine ;
» mais il y a long-temps qu'elle est décernée à
» Parny. » Ce fut la publication de ce recueil qui
valut à Parny le surnom de *Tibulle français*.

Le besoin de distraction engagea Parny à voyager. Il s'embarqua, et, après avoir visité les côtes d'Afrique et abordé à Buénos-Ayres, il passa aux Indes en qualité d'aide-de-camp du gouverneur français. Le mauvais état de sa santé le força bientôt à renoncer au service, et à revenir en France, où il établit sa retraite dans le vallon de Feuillancour. Il applaudit aux réformes que la révolution introduisit dans la société. Cet événement ne lui fut pas favorable : car les assignats lui firent perdre toute sa fortune, et il fut réduit à vendre jusqu'à ses livres. Il obtint alors une petite place dans les bureaux de l'instruction publique, et fut ensuite administrateur du théâtre des Arts. En 1799 (an 7 de la République), époque où les fureurs révolutionnaires étaient un peu apaisées, il composa l'*Hymne pour la fête de la Jeunesse*. Dans cette même année il mit au jour la *Guerre des Dieux*, poëme qui lui attira les reproches d'un grand nombre de personnes. En effet, il s'y trouve quelques tableaux où la pudeur et la morale sont offensées, et que peuvent à peine faire excuser les nombreuses beautés que l'on rencontre à chaque page dans ce poëme, soutenu partout par la richesse de la versification, la variété des tableaux, et cette pureté de style si naturelle à l'auteur, qualités qui le font placer au rang des chefs-d'œuvre de la littérature française.

Nous citerons encore quelques autres compositions qui méritent toute l'attention des amateurs de la belle poésie. *La Journée champêtre*, petit poëme pastoral écrit avec la plus exquise délicatesse, mais où l'on rencontre des longueurs, et quelquefois, quoique rarement, cette fadeur pour ainsi dire inévitable aux ouvrages de ce genre ; *les Fleurs,* morceau charmant où l'auteur, dans les vers les plus spirituels, enseigne l'art de cultiver les fleurs ; *les Tableaux,* et plusieurs pièces contenues dans *les Mélanges,* sur lesquelles nous ne pourrions que répéter les mêmes éloges.

Au milieu des excès de la révolution, Parny fit un sacrifice qui dut lui coûter beaucoup : il avait dans son portefeuille un poëme en dix-huit chants sur les amours des reines et régentes de France, qu'il préférait à tous ses autres ouvrages. Il craignit qu'une visite domiciliaire ne fît tomber cet ouvrage aux mains de la Convention, et, pour éviter le danger qu'il redoutait, il livra son manuscrit aux flammes.

Quelque temps après son admission à l'Académie, où il fut reçu en 1803, en remplacement de Devaines, il publia le *Paradis perdu* et les *Galanteries de la Bible.* Ces deux productions, qui ont beaucoup de ressemblance avec la *Guerre des Dieux,* lui sont bien inférieures pour la conception. Néanmoins dans la première on retrouve tout le génie de l'auteur de ce poëme ; c'est la même variété dans les descriptions et la même vigueur dans le style ; et dans la seconde, son pinceau, s'il est possible, est plus doux, plus voluptueux que dans l'épisode charmant de Thaïs et d'Elinin, au septième chant de la *Guerre des Dieux* ; mais ses tableaux sont habilement couverts, et en aucun endroit la pudeur n'en peut être blessée. Les *Déguisemens de Vénus,* petits poëmes imités du grec, que l'auteur a traités avec cette grâce et cette délicatesse dont il a su parer tous ses ouvrages, parurent à la même époque.

Il ne nous reste plus à parler que de quelques

compositions inférieures à celles que nous avons déjà citées, mais dans lesquelles on voit briller en beaucoup d'endroits le talent de leur auteur. Les *Roses-Croix*, épopée héroïque qui offre peu d'intérêt, contiennent des descriptions dont le style est d'une pureté soutenue. Il n'en est pas de même de *Goddam!* parodie de la conquête de l'Angleterre par les Normands, ouvrage dans lequel on a peine à reconnaître le pinceau de Parny. *Isnel et Asléga*, poème où l'auteur a voulu imiter la poésie scandinave, renferme des morceaux très saillans qui en rendent la lecture agréable et attachante. Il est bien supérieur au précédent sous le rapport de l'intérêt et de l'exécution.

Parny ne fut jamais dans les bonnes grâces de Napoléon. Lucien Bonaparte l'ayant porté sur une liste de candidats pour la place de Bibliothécaire des Invalides, Napoléon raya son nom de cette liste. Cette indifférence ou plutôt cette injustice envers Parny vient peut-être de ce que le poète, dont le caractère était fort indépendant, ne se mêla point à la foule de ses adulateurs, et que jamais sa lyre ne célébra le maître de la France. Cependant, malgré l'oubli du chef du gouvernement, il entra plus tard dans les droits réunis, grâce à la bienveillance et à l'amitié de M. François de Nantes, directeur de cette administration

La littérature, qui déplorait encore les pertes récentes qu'elle venait d'éprouver par la mort de Lebrun, de Chénier, de Delille, de Bernardin de Saint-Pierre et de Grétry, eut à regretter aussi celle de Parny, qui mourut à Paris, le 5 décembre 1814, âgé de près de soixante-deux ans, après une maladie longue et cruelle. Un auteur presque ignoré à cette époque, et qui depuis a acquis une célébrité égale à son talent distingué, M. de Béranger, composa, à l'occasion de ce triste événement, des vers dignes du poète dont il déplora la perte. Nous ne croyons pas pouvoir mieux terminer cette esquisse qu'en citant les vers que la douleur inspira à notre chantre national :

Je disais aux fils d'Epicure :
« Réveillez par vos joyeux chants
» Parny, qui sait de la nature
» Célébrer les plus doux penchants. »
Mais les chants que la joie inspire
Font place aux regrets superflus :
  Parny n'est plus !
Il vient d'expirer sur sa lyre :
  Parny n'est plus !

Je disais aux Grâces émues :
« Il vous doit sa célébrité ;
» Montrez-vous à lui demi-nues :
» Qu'il peigne encor la volupté. »
Mais chacune d'elles soupire
Auprès des Plaisirs éperdus :
  Parny n'est plus ! etc.

Je disais aux dieux du bel âge :
« Amours, rendez à ses vieux ans
» Les fleurs qu'aux pieds d'une volage
» Il prodigua dans son printemps. »
Mais en pleurant je les vois lire
Des vers qu'ils ont cent fois relus.
  Parny n'est plus ! etc.

Je disais aux Muses plaintives :
« Oubliez vos malheurs récens.
» Pour charmer l'écho de nos rives,
» Il vous suffit de ses accens. »
Mais du poétique délire
Elles brisent les attributs.
  Parny n'est plus ! etc.

Il n'est plus ! Ah ! puisse l'Envie
S'interdire un dernier effort !
Immortel il quitte la vie ;
Pour lui tous les dieux sont d'accord.
Que la Haine, prête à maudire,
Pardonne aux aimables Vertus.
    Parny n'est plus ! etc.

N. P. Ch.

POÉSIES ÉROTIQUES.

LIVRE PREMIER.

I.

LE LENDEMAIN.

A ÉLÉONORE.

Enfin, ma chère Éléonore,
Tu l'as connu ce péché si charmant,
Que tu craignais, même en le désirant;
En le goûtant, tu le craignais encore.
Eh bien! dis-moi : qu'a-t-il donc d'effrayant?
Que laisse-t-il après lui dans ton âme?
Un léger trouble, un tendre souvenir,
L'étonnement de sa nouvelle flamme,
Un doux regret, et surtout un désir.
    Déjà la rose aux lis de ton visage
    Mêle ses brillantes couleurs;
Dans tes beaux yeux, à la pudeur sauvage
    Succèdent les molles langueurs,
    Qui de nos plaisirs enchanteurs
Sont à la fois la suite et le présage.
    Ton sein, doucement agité,
    Avec moins de timidité
    Repousse la gaze légère
    Qu'arrangea la main d'une mère,
    Et que la main du tendre amour,
    Moins discrète et plus familière,
    Saura déranger à son tour.
    Une agréable rêverie
    Remplace enfin cet enjoûment,
    Cette piquante étourderie,

Qui désespéraient ton amant ;
Et ton âme plus attendrie
S'abandonne nonchalamment
Au délicieux sentiment
D'une douce mélancolie.
Ah ! laissons nos tristes censeurs
Traiter de crime impardonnable
Le seul baume pour nos douleurs,
Ce plaisir pur, dont un dieu favorable
Mit le germe dans tous les cœurs.
Ne crois pas à leur imposture.
Leur zèle hypocrite et jaloux
Fait un outrage à la nature :
Non, le crime n'est pas si doux.

II.
ÉGLOGUE.

Hier Nicette,
Sous des bosquets
Sombres et frais,
Marchait seulette.
Elle s'assit
Au bord de l'onde.
Claire et profonde,
Deux fois s'y vit
Jeune et mignonne,
Et la friponne
Deux fois sourit.
De l'imprudente
La voix brillante
Osait chanter
Et répéter

POÉSIES ÉROTIQUES.

Chanson menteuse
Contre l'amour,
Contre l'amour
Qui doit un jour
La rendre heureuse.
Le long du bois
Je fais silence,
Et je m'avance
En tapinois;
Puis je m'arrête;
Et sur sa tête
Faisant soudain
Pleuvoir les roses,
Qui sous ma main
S'offraient écloses :
« Salut à vous,
Mon inhumaine,
N'ayez courroux
Qu'on vous surprenne.
A vos chansons
Nous vous prenons
Pour Philomèle.
Aussi bien qu'elle
Vous cadenciez,
Ma toute belle;
Mais mieux feriez,
Si vous aimiez
Aussi bien qu'elle. »
— « J'ai quatorze ans,
Répond Nicette;
Suis trop jeunette
Pour les amans. »
— Crois-moi, ma chère;
Quand on sait plaire,
On peut aimer.
Plaire, charmer,

Surtout aimer,
C'est le partage,
C'est le savoir
Et le devoir
Du premier âge. »
— Oui ; mais cet âge,
Du moins chez vous,
Est dans ses goûts
Toujours volage.
Sur un buisson
Le papillon
Voit-il la rose,
Il s'y repose.
Est-il heureux,
Amant frivole,
Soudain il vole
A d'autres jeux.
Mais la pauvrette,
Seule et muette,
Ne peut voler... »
Ici la belle
Voulait parler
Pour désoler
Mon cœur fidèle ;
Mais un soupir
Vint la trahir,
Et du plaisir
Fut le présage.
Le lieu, le temps,
L'épais feuillage,
Gazons naissans
A notre usage,
Doux embarras
D'une pucelle
Qui ne sait pas
Ce qu'on veut d'elle,

Et dont le cœur
Tous bas implore
Certain bonheur
Que sa pudeur
Redoute encore,
Tout en secret
Pressait Nicette;
A sa défaite
Tout conspirait.
Elle s'offense,
Gronde et rougit,
Puis s'adoucit,
Puis recommence,
Pleure et gémit,
Se tait, succombe,
Chancelle et tombe....

En rougissant
Elle se lève,
Sur moi soulève
Un œil mourant,
Et, me serrant
Avec tendresse,
Dit : « Fais serment
D'aimer sans cesse.
Que nos amours
Ne s'affaiblissent
Et ne finissent
Qu'avec nos jours! »

ENVOI A ÉLÉONORE.

De cette idylle
J'ai pris le style
Chez les Gaulois.
Sa négligence
De la cadence

Brave les lois;
Mais à Nicette,
Simple et jeunette
On passera
Ce défaut-là.
Céder comme elle,
Ma toute belle,
Fut ton destin :
Sois donc fidèle
Aussi bien qu'elle;
C'est mon refrain.

III.
LA DISCRÉTION.

O la plus belle des Maîtresses!
Fuyons dans nos plaisirs la lumière et le bruit;
Ne disons point au jour les secrets de la nuit;
Aux regards inquiets dérobons nos caresses.
    L'amour heureux se trahit aisément.
Je crains pour toi les yeux d'une mère attentive;
Je crains ce vieil Argus, au cœur de diamant,
    Dont la vertu brusque et rétive
    Ne s'adoucit qu'à prix d'argent.

    Durant le jour tu n'es plus mon amante.
Si je m'offre à tes yeux, garde-toi de rougir;
Défends à ton amour le plus léger soupir;
Affecte un air distrait; que ta voix séduisante
Évite de frapper mon oreille et mon cœur;
Ne mets dans tes regards ni trouble ni langueur.

    Hélas! de mes conseils je me repens d'avance.
Ma chère Éléonore, au nom de nos amours,

N'imite pas trop bien cet air d'indifférence :
Je dirais, c'est un jeu ; mais je craindrais toujours.

IV.
BILLET.

Dès que la nuit sur nos demeures
Planera plus obscurément,
Dès que sur l'airain gémissant
Le marteau frappera douze heures,
Sur les pas du fidèle Amour
Alors les Plaisirs par centaine
Voleront chez ma souveraine,
Et les Voluptés tour à tour
Prendront soin d'amuser leur reine.
Ils y resteront jusqu'au jour :
Et si la matineuse Aurore
Oubliait d'ouvrir au soleil
Ses larges portes de vermeil,
Le soir ils y seraient encore.

V.
LA FRAYEUR.

Te souvient-il, ma charmante maîtresse,
De cette nuit où mon heureuse adresse
Trompa l'Argus qui garde tes appas ?
Furtivement j'arrivai dans tes bras,
Tu résistais ; mais ta bouche vermeille
A mes baisers se dérobait en vain ;
Chaque refus amenait un larcin.

Un bruit subit effraya ton oreille,
Et d'un flambeau tu vis l'éclat lointain.
Des voluptés tu passas à la crainte ;
L'étonnement vint resserrer soudain
Ton faible cœur palpitant sous ma main ;
Tu murmurais ; je riais de ta plainte :
Je savais trop que le dieu des amans
Sur nos plaisirs veillait dans ces momens.
Il vit tes pleurs ; Morphée, à sa prière,
Du vieil Argus que réveillaient nos jeux
Ferma bientôt et l'oreille et les yeux,
Et de son aile enveloppa ta mère.
L'Aurore vint, plus tôt qu'à l'ordinaire,
De nos baisers interrompre le cours ;
Elle chassa les timides Amours :
Mais ton souris, peut-être involontaire,
Leur accorda le rendez-vous du soir.
Ah ! si les dieux me laissaient le pouvoir
De dispenser la nuit et la lumière,
Du jour naissant la jeune avant-courrière
Viendrait bien tard annoncer le soleil ;
Et celui-ci dans sa course légère
Ne ferait voir au haut de l'hémisphère
Qu'une heure ou deux son visage vermeil.
L'ombre des nuits durerait davantage,
Et les Amours auraient plus de loisir.
De mes instans l'agréable partage
Serait toujours au profit du plaisir.
Dans un accord réglé par la sagesse,
A mes amis j'en donnerais un quart ;
Le doux sommeil aurait semblable part,
Et la moitié serait pour ma maîtresse.

VI.

VERS

GRAVÉS SUR UN ORANGER.

Oranger dont la voûte épaisse
Servit à cacher nos amours,
Reçois et conserve toujours
Ces vers, enfans de ma tendresse;
Et dis à ceux qu'un doux loisir
Amènera dans ce bocage,
Que si l'on mourait de plaisir,
Je serais mort sous ton ombrage.

VII.

DIEU VOUS BÉNISSE.

Quand je vous dis, *Dieu vous bénisse!*
Je n'entends pas le Créateur,
Dont la main féconde et propice
Vous donna tout pour mon bonheur;
Encor moins le dieu d'hyménée,
Dont l'eau bénite infortunée
Change le plaisir en devoir:
S'il fait des heureux, l'on peut dire
Qu'ils ne sont pas sous son empire,
Et qu'il les fait sans le savoir.
Mais j'entends ce dieu du bel âge,
Qui sans vous serait à Paphos.
Or apprenez en peu de mots

Comme il bénit, ce dieu volage.
Le Désir, dont l'air éveillé
Annonce assez l'impatience,
Lui présente un bouquet mouillé
Dans la fontaine de Jouvence,
Les yeux s'humectent de langueur,
Le rouge monte au front des belles,
Et l'eau bénite avec douceur
Tombe dans l'âme des fidèles?
Soyez dévote à ce dieu-là,
Vous qui nous prouvez sa puissance.
Éternuez en assurance ;
Le tendre Amour vous bénira.

VIII.

LE REMÈDE DANGEREUX.

O toi, qui fut mon écolière
En musique, et même en amour,
Viens dans mon paisible séjour
Exercer ton talent de plaire.
Viens voir ce qu'il m'en coûte à moi,
Pour avoir été trop bon maître.
Je serais mieux portant peut-être,
Si moins assidu près de toi,
Si moins empressé, moins fidèle,
Et moins tendre dans mes chansons,
J'avais ménagé des leçons
Où mon cœur mettait trop de zèle.
Ah! viens du moins, viens apaiser
Les maux que tu m'as faits, cruelle!
Ranime ma langueur mortelle;

Viens me plaindre, et qu'un seul baiser
Me rende une santé nouvelle.
Fidèle à mon premier penchant,
Amour, je te fais le serment
De la perdre encore avec elle.

IX.

DEMAIN.

Vous m'amusez par des caresses,
Vous promettez incessamment,
Et vous reculez le moment
Qui doit accomplir vos promesses.
Demain, dites-vous tous les jours.
L'impatience me dévore;
L'heure qu'attendent les Amours
Sonne enfin, près de vous j'accours;
Demain, répétez-vous encore.

Rendez grâce au dieu bienfaisant
Qui vous donna jusqu'à présent
L'art d'être tous les jours nouvelle :
Mais le Temps, du bout de son aile,
Touchera vos traits en passant;
Dès *demain* vous serez moins belle,
Et moi peut-être moins pressant.

X.

LE REVENANT.

Ma santé fuit; cette infidèle
Ne promet pas de revenir,
Et la nature qui chancelle
A déjà su me prévenir
De ne pas trop compter sur elle.
Au second acte brusquement
Finira donc ma comédie:
Vite je passe au dénoûment;
La toile tombe, et l'on m'oublie.

J'ignore ce qu'on fait là-bas.
Si du sein de la nuit profonde
On peut revenir en ce monde,
Je reviendrai, n'en doutez pas.
Mais je n'aurai jamais l'allure
De ces revenans indiscrets,
Qui, précédés d'un long murmure,
Se plaisent à pâlir leurs traits,
Et dont la funèbre parure,
Inspirant toujours la frayeur,
Ajoute encore à la laideur
Qu'on reçoit dans la sépulture.
De vous plaire je suis jaloux;
Et je veux rester invisible.
Souvent du zéphir le plus doux
Je prendrai l'haleine insensible;
Tous mes soupirs seront pour vous
Ils feront vaciller la plume
Sur vos cheveux noués sans art,

Et disperseront au hasard
La faible odeur qui les parfume.
Si la rose que vous aimez
Renaît sur son trône de verre ;
Si de vos flambeaux rallumés
Sort une plus vive lumière ;
Si l'éclat d'un nouveau carmin
Colore soudain votre joue,
Et si souvent d'un joli sein
Le nœud trop serré se dénoue ;
Si le sofa plus mollement
Cède au poids de votre paresse,
Donnez un souris seulement
A tous ces soins de ma tendresse.
Quand je reverrai les attraits
Qu'effleura ma main caressante,
Ma voix amoureuse et touchante
Pourra murmurer des regrets ;
Et vous croirez alors entendre
Cette harpe qui sous mes doigts
Sut vous redire quelquefois
Ce que mon cœur s'avait m'apprendre.
Aux douceurs de votre sommeil
Je joindrai celles du mensonge ;
Moi-même, sous les traits d'un songe,
Je causerai votre réveil.
Charmes nus, fraîcheur du bel âge,
Contours parfaits, grâce, enbompoint,
Je verrai tout : mais quel dommage !
Les morts ne ressuscitent point.

XI.

LES PARADIS.

Croyez-moi, l'autre monde est un monde inconnu
    Où s'égare notre pensée.
D'y voyager sans fruit la mienne s'est lassée :
    Pour toujours j'en suis revenu.
    J'ai vu dans ce pays des fables
Les divers paradis qu'imagina l'erreur,
    Il en est bien peu d'agréables :
Aucun n'a satisfait mon esprit et mon cœur.
    « Vous mourez, nous dit Pythagore ;
Mais sous un autre nom vous renaissez encore,
Et ce globe à jamais par vous est habité. »
Crois-tu nous consoler par ce triste mensonge,
Philosophe imprudent et jadis trop vanté ?
Dans un nouvel ennui ta fable nous replonge,
Mens à notre avantage, ou dis la vérité.

    Celui-là mentit avec grâce
Qui créa l'Élysée et les eaux du Léthé.
    Mais dans cet asile enchanté
Pourquoi l'amour heureux n'a-t-il pas une place ?
Aux douces voluptés pourquoi l'a-t-on fermé ?
Du calme et du repos quelquefois on se lasse ;
On ne se lasse point d'aimer et d'être aimé.

    Le dieu de la Scandinavie,
        Odin, pour plaire à ses guerriers,
        Leur promettait dans l'autre vie
Des armes, des combats, et de nouveaux lauriers.

Attaché dès l'enfance aux drapeaux de Bellone,
J'honore la valeur, aux braves j'applaudis ;
　　Mais je pense qu'en paradis
　　Il ne faut plus tuer personne.

Un autre espoir séduit le Nègre infortuné,
Qu'un marchand arracha des déserts de l'Afrique.
　　Courbé sous un joug despotique,
Dans un long esclavage il languit enchaîné :
Mais, quand la mort propice a fini ses misères,
Il revole joyeux aux pays de ses pères,
Et cet heureux retour est suivi d'un repas.
Pour moi, vivant ou mort, je reste sous vos pas.
Esclave fortuné, même après mon trépas,
　　Je ne veux plus quitter mon maître.
　　Mon paradis ne saurait être
　　Aux lieux où vous ne serez pas.

　　Jadis au milieu des nuages
L'habitant de l'Écosse avait placé le sien.
Il donnait à son gré le calme ou les orages :
Des mortels vertueux il cherchait l'entretien ;
　　Entouré de vapeurs brillantes,
　　Couvert d'une robe d'azur,
Il aimait à glisser sous le ciel le plus pur,
Et se montrait souvent sous des formes riantes.

　　Ce passe-temps est assez doux ;
　　Mais de ces Sylphes, entre nous,
　　Je ne veux point grossir le nombre.
J'ai quelque répugnance à n'être plus qu'une ombre ;
Une ombre est peu de chose, et les corps valent mieux ;
Gardons-les. Mahomet eut grand soin de nous dire
Que dans son paradis l'on entrait avec eux.
　　Des Houris c'est l'heureux empire.

Là les attraits sont immortels ;
Hébé n'y vieillit point ; la belle Cythérée,
D'un hommage plus doux constamment honorée,
Y prodigue aux élus des plaisirs éternels.
Mais je voudrais y voir un maître que j'adore,
L'Amour, qui donne seul un charme à nos désirs,
L'Amour, qui donne seul de la grâce aux plaisirs.
Pour le rendre parfait, j'y conduirais encore
    La tranquille et pure Amitié,
Et d'un cœur trop sensible elle aura la moitié.
    Asile d'une paix profonde,
Ce lieu serait alors le plus beau des séjours ;
    Et ce paradis des amours,
Auprès d'Éléonore on le trouve en ce monde.

XII.

FRAGMENT D'ALCÉE,

POÈTE GREC.

Quel est donc ce devoir, cette fête nouvelle,
Qui pour dix jours entiers t'éloignent de mes yeux
Qu'importe à nos plaisirs l'Olympe et tous les Dieux
Et qu'est-il de commun entre nous et Cybèle ?
De quel droit ose-t-on m'arracher de tes bras ?
Se peut-il que du ciel la bonté paternelle
Ait choisi pour encens les malheurs d'ici-bas ?
Reviens de ton erreur, crédule Éléonore.
Si tous deux égarés dans l'épaisseur du bois,
Au doux bruit des ruisseaux mêlant nos douces voix
Nous nous disions sans fin, Je t'aime, je t'adore ;
Quel mal ferait aux dieux notre innocente ardeur

Sur le gazon fleuri si, près de moi couchée,
Tu remplissais tes yeux d'une molle langueur;
Si ta bouche brûlante à la mienne attachée
Jetait dans tous mes sens une vive chaleur;
Si, mourant sous l'excès d'un bonheur sans mesure,
Nous renaissions encor, pour encore expirer;
Quel mal ferait aux dieux cette volupté pure?
La voix du sentiment ne peut nous égarer,
Et l'on n'est point coupable en suivant la nature.
Ce Jupiter qu'on peint si fier et si cruel,
Plongé dans les douceurs d'un repos éternel,
De ce que nous faisons ne s'embarrasse guère.
Ses regards, étendus sur la nature entière,
Ne se fixent jamais sur un faible mortel.
Va, crois-moi, le plaisir est toujours légitime;
L'amour est un devoir, et l'inconstance un crime.
Laissons la vanité, riche dans ses projets,
Se créer sans effort une seconde vie;
Laissons-la promener ses regards satisfaits
Sur l'immortalité; rions de sa folie.
Cet abîme sans fond, où la mort nous conduit,
Garde éternellement tout ce qu'il engloutit.
Tandis que nous vivons, faisons notre Élysée.
L'autre n'est qu'un beau rêve inventé par les rois,
Pour tenir leurs sujets sous la verge des lois;
Et cet épouvantail de la foule abusée,
Ce Tartare, ces fouets, cette urne, ces serpens,
Font moins de mal aux morts que de peur aux vivans.

XIII.
PLAN D'ÉTUDES.

De vos projets je blâme l'imprudence :
Trop de savoir dépare la beauté.
Ne perdez point votre aimable ignorance,
Et conservez cette naïveté
Qui vous ramène aux jeux de votre enfance.

Le dieu du goût vous donna des leçons
Dans l'art chéri qu'inventa Terpsichore ;
Un tendre amant vous apprit les chansons
Qu'on chante à Gnide ; et vous savez encore
Aux doux accens de votre voix sonore
De la guitare entremêler les sons.

Des préjugés repoussant l'esclavage,
Conformez-vous à ma religion ;
Soyez païenne ; on doit l'être à votre âge.
Croyez au dieu qu'on nommait Cupidon.
Ce dieu charmant prêche la tolérance,
Et permet tout, excepté l'inconstance.

N'apprenez point ce qu'il faut oublier,
Et des erreurs de la moderne histoire
Ne chargez point votre faible mémoire.
Mais dans Ovide il faut étudier
Des premiers temps l'histoire fabuleuse,
Et de Paphos la chronique amoureuse.

Sur cette carte où l'habile graveur
Du monde entier resserra l'étendue,
Ne cherchez point quelle rive inconnue
Voit l'Ottoman fuir devant son vainqueur ;

Mais connaissez Amathonte, Idalie,
Les tristes bords par Léandre habités,
Ceux où Didon a terminé sa vie,
Et de Tempé les vallons enchantés.
Égarez-vous dans le pays des fables;
N'ignorez point les divers changemens
Qu'ont éprouvés ces lieux jadis aimables :
Leur nom toujours sera cher aux amans.

Voilà l'étude amusante et facile
Qui doit parfois occuper vos loisirs,
Et précéder l'heure de nos plaisirs.
Mais la science est pour vous inutile.
Vous possédez le talent de charmer;
Vous saurez tout quand vous saurez aimer.

XIV.
PROJET DE SOLITUDE.

Fuyons ces tristes lieux, ô maîtresse adorée!
Nous perdons en espoir la moitié de nos jours,
Et la crainte importune y trouble nos amours.
Non loin de ce rivage est une île ignorée,
Interdite aux vaisseaux, et d'écueils entourée.
Un zéphyr éternel y rafraîchit les airs.
Libre et nouvelle encor, la prodigue nature
Embellit de ses dons ce point de l'univers:
Des ruisseaux argentés roulent sur la verdure,
Et vont en serpentant se perdre au sein des mers;
Une main favorable y reproduit sans cesse
L'ananas parfumé des plus douces odeurs;
Et l'oranger touffu, courbé sous sa richesse,
Se couvre en même temps et de fruits et de fleurs.

Que nous faut-il de plus ? cette île fortunée
Semble par la nature aux amans destinée.
L'océan la resserre, et deux fois en un jour
De cet asile étroit on achève le tour:
Là je ne craindrai plus un père inexorable.
C'est là qu'en liberté tu pourras être aimable,
Et couronner l'amant qui t'a donné son cœur.
Vous coulerez alors, mes paisibles journées,
Par les nœuds du plaisir l'une à l'autre enchaî
Laissez-moi peu de gloire et beaucoup de bonl
Viens ; la nuit est obscure et le ciel sans nuage ;
D'un éternel adieu saluons ce rivage,
Où par toi seule encor mes pas sont retenus.
Je vois à l'horizon l'étoile de Vénus:
Vénus dirigera notre course incertaine.
Éole exprès pour nous vient d'enchaîner les ve
Sur les flots aplanis Zéphyre souffle à peine ;
Viens ; l'Amour jusqu'au port conduira deux ar

XV.

BILLET.

Apprenez, ma belle,
Qu'à minuit sonnant,
Une main fidèle,
Une main d'amant,
Ira doucement,
Se glissant dans l'ombre,
Tourner les verroux
Qui, dès la nuit sombre,
Sont tirés sur vous.
Apprenez encore
Qu'un amant abhorre

Tout voile jaloux.
Pour être plus tendre,
Soyez sans atours,
Et songez à prendre
L'habit des Amours.

LIVRE SECOND.

I.

LE REFROIDISSEMENT.

Ils ne sont plus ces jours délicieux,
Où mon amour respectueux et tendre
A votre cœur savait se faire entendre,
Où vous m'aimiez, où nous étions heureux !
Vous adorer, vous le dire, et vous plaire,
Sur vos désirs régler tous mes désirs,
C'était mon sort ; j'y bornais mes plaisirs.
Aimé de vous, quels vœux pouvais-je faire ?
Tout est changé : quand je suis près de vous,
Triste et sans voix, vous n'avez rien à dire ;
Si quelquefois je tombe à vos genoux,
Vous m'arrêtez avec un froid sourire,
Et dans vos yeux s'allume le courroux.
Il fut un temps, vous l'oubliez peut-être ?
Où j'y trouvais cette molle langueur,
Ce tendre feu que le désir fait naître,
Et qui survit au moment du bonheur.
Tout est changé, tout, excepté mon cœur !

II.

A LA NUIT.

Toujours le malheureux t'appelle,
O Nuit, favorable aux chagrins!
Viens donc, et porte sur ton aile
L'oubli des perfides humains.
Voile ma douleur solitaire;
Et lorsque la main du Sommeil
Fermera ma triste paupière,
O dieux! reculez mon réveil;
Qu'à pas lents l'Aurore s'avance
Pour ouvrir les portes du jour;
Importuns, gardez le silence,
Et laissez dormir mon amour.

III.

LA RECHUTE.

C'en est fait, j'ai brisé mes chaînes.
Amis, je reviens dans vos bras.
Les belles ne vous valent pas;
Leurs faveurs coûtent trop de peines.
Jouet de leur volage humeur,
J'ai rougi de ma dépendance:
Je reprends mon indifférence,
Et je retrouve le bonheur.
Le dieu jouflu de la vendange

Va m'inspirer d'autres chansons;
　　C'est le seul plaisir sans mélange;
　　Il est de toutes les saisons;
　　Lui seul nous console et nous venge
　　Des maîtresses que nous perdons.
Que dis-je, malheureux! ah! qu'il est difficile
De feindre la gaîté dans le sein des douleurs!
La bouche sourit mal quand les yeux sont en pleurs.
Repoussons loin de nous ce nectar inutile.
Et toi, tendre Amitié, plaisir pur et divin,
Non, tu ne suffis plus à mon âme égarée,
Au cri des passions qui grondent dans mon sein
En vain tu veux mêler ta voix douce et sacrée :
Tu gémis de mes maux qu'il fallait prévenir;
Tu m'offres ton appui lorsque la chute est faite;
Et tu sondes ma plaie au lieu de la guérir.
Va, ne m'apporte plus ta prudence inquiète :
Laisse-moi m'étourdir sur la réalité;
Laisse-moi m'enfoncer dans le sein des chimères,
Tout courbé sous les fers chanter la liberté,
Saisir avec transport des ombres passagères,
　　Et parler de félicité,
　　En versant des larmes amères.

　　Ils viendront ces paisibles jours,
Ces momens du réveil, où la raison sévère
Dans la nuit des erreurs fait briller sa lumière,
Et dissipe à nos yeux le songe des Amours.
　　Le Temps, qui d'une aile légère
Emporte en se jouant nos goûts et nos penchans,
Mettra bientôt le terme à mes égaremens.
O mes amis! alors échappé de ses chaînes,
　　Et guéri de ses longues peines,
Ce cœur qui vous trahit revolera vers vous.
　ur votre expérience appuyant ma faiblesse,
　eut-être je pourrai d'une folle tendresse

Prévenir les retours jaloux.
Sur les plaisirs de mon aurore
Vous me verrez tourner des yeux mouillés de pleurs,
Soupirer malgré moi, rougir de mes erreurs,
Et, même en rougissant, les regretter encore.

IV.
ÉLÉGIE.

Oui, sans regret, du flambeau de mes jours
Je vois déjà la lumière éclipsée.
Tu vas bientôt sortir de ma pensée,
Cruel objet des plus tendres amours !
Ce triste espoir fait mon unique joie.
Soins importuns, ne me retenez pas.
Éléonore a juré mon trépas ;
Je veux aller où sa rigueur m'envoie,
Dans cet asile ouvert à tout mortel,
Où du malheur on dépose la chaîne,
Où l'on s'endort d'un sommeil éternel,
Où tout finit, et l'amour et la haine.
Tu gémiras, trop sensible Amitié !
De mes chagrins conserve au moins l'histoire,
Et que mon nom sur la terre oublié
Vienne parfois s'offrir à ta mémoire.
Peut-être alors tu gémiras aussi,
Et tes regards se tourneront encore
Sur ma demeure, ingrate Éléonore,
Premier objet que mon cœur a choisi.
Trop tard, hélas ! tu répandras des larmes.
Oui, tes beaux yeux se rempliront de pleurs.
Je te connais, et malgré tes rigueurs,
Dans mon amour tu trouves quelques charmes.

Lorsque la mort, favorable à mes vœux,
De mes instans aura coupé la trame,
Lorsqu'un tombeau triste et silencieux
Renfermera ma douleur et ma flamme;
O mes amis! vous que j'aurai perdus,
Allez trouver cette beauté cruelle,
Et dites-lui : c'en est fait, il n'est plus.
Puissent les pleurs que j'ai versés pour elle
M'être rendus!.... Mais non; dieu des Amours,
Je lui pardonne; ajoutez à ses jours
Les jours heureux que m'ôta l'infidèle.

V.

DÉPIT.

Oui, pour jamais
Chassons l'image
De la volage
Que j'adorais.
A l'infidèle
Cachons nos pleurs;
Aimons ailleurs;
Trompons comme elle.
De sa beauté
Qui vient d'éclore,
Son cœur encore
Est trop flatté.
Vaine et coquette,
Elle rejette
Mes simples vœux;
Fausse et légère,
Elle veut plaire
A d'autres yeux.

Qu'elle jouisse
De mes regrets;
A ses attraits
Qu'elle applaudisse.
L'âge viendra;
L'essaim des Grâces
S'envolera,
Et sur leurs traces
L'Amour fuira.
Fuite cruelle !
Adieu l'espoir
Et le pouvoir
D'être infidèle.
Dans cet instant,
Libre et content,
Passant près d'elle
Je sourirai,
Et je dirai :
Elle fut belle.

VI.

A UN AMI

TRAHI PAR SA MAITRESSE. *

Quoi ! tu gémis d'une inconstance ?
Tu pleures, nouveau Céladon ?
Ah ! le trouble de ta raison
Fait honte à ton expérience.

* Ces vers sont adressés à Bertin, dont on peut
la réponse dans le livre II des *Amours*, élégie I:

Es-tu donc assez imprudent
Pour vouloir fixer une femme?
Trop simple et trop crédule amant,
Quelle erreur aveugle ton âme !
Plus aisément tu fixerais
Des arbres le tremblant feuillage,
Les flots agités par l'orage,
Et l'or ondoyant des guérets
Que balance un zéphyr volage.
Elle t'aimait de bonne foi ;
Mais pouvait-elle aimer sans cesse?
Un rival obtient sa tendresse ;
Un autre l'avait avant toi ;
Et dès demain, je le parie,
Un troisième, plus insensé,
Remplacera dans sa folie
L'imprudent qui t'a remplacé.

Il faut au pays de Cythère
A fripon fripon et demi.
Trahis, pour n'être point trahi ;
Préviens même la plus légère ;
Que ta tendresse passagère
S'arrête où commence l'ennui.
Mais que fais-je? et dans ta faiblesse
Devrais-je ainsi te secourir ?
Ami, garde-toi d'en guérir :
L'erreur sied bien à la jeunesse.
Va, l'on se console aisément
De ses disgrâces amoureuses.
Les amours sont un jeu d'enfant ;
Et, crois-moi, dans ce jeu charmant,
Les dupes mêmes sont heureuses.

VII.

IL EST TROP TARD.

Rappelez-vous ces jours heureux,
Où mon cœur crédule et sincère
Vous présenta ses premiers vœux.
Combien alors vous m'étiez chère!
Quels transports! quel égarement!
Jamais on ne parut si belle
Aux yeux enchantés d'un amant;
Jamais un objet infidèle
Ne fut aimé plus tendrement.
Le temps sut vous rendre volage;
Le temps a su m'en consoler.
Pour jamais j'ai vu s'envoler
Cet amour qui fut votre ouvrage :
Cessez donc de le rappeler.
De mon silence en vain surprise,
Vous semblez revenir à moi;
Vous réclamez en vain la foi
Qu'à la vôtre j'avais promise :
Grâce à votre légèreté,
J'ai perdu la crédulité
Qui pouvait seule vous la rendre.
L'on n'est bien trompé qu'une fois.
De l'illusion, je le vois,
Le bandeau ne peut se reprendre.
Échappé d'un piége menteur,
L'habitant ailé du bocage
Reconnaît et fuit l'esclavage
Que lui présente l'oiseleur.

VIII.

A MES AMIS.

Rions, chantons, ô mes amis!
Occupons-nous à ne rien faire.
Laissons murmurer le vulgaire :
Le plaisir est toujours permis.
Que notre existence légère
S'évanouisse dans les jeux.
Vivons pour nous, soyons heureux,
N'importe de quelle manière.
Un jour il faudra nous courber
Sous la main du Temps qui nous presse,
Mais jouissons dans la jeunesse,
Et dérobons à la vieillesse
Tout ce qu'on peut lui dérober.

IX.

AUX INFIDÈLES.

A vous qui savez être belles,
Favorites du dieu d'amour;
A vous, maîtresses infidèles,
Qu'on cherche et qu'on fuit tour à tour;
Salut, tendre hommage, heureux jour,
Et surtout voluptés nouvelles!
Écoutez. Chacun à l'envi
Vous craint, vous adore, et vous gronde;
Pour moi, je vous dis grand merci.
Vous seules de ce triste monde

Avez l'art d'égayer l'ennui ;
Vous seules variez la scène
De nos goûts et de nos erreurs :
Vous piquez au jeu les acteurs ;
Vous agacez les spectateurs
Que la nouveauté vous amène ;
Le tourbillon qui vous entraîne
Vous prête des appas plus doux ;
Le lendemain d'un rendez-vous
L'amant vous reconnaît à peine ;
Tous les yeux sont fixés sur vous,
Et n'aperçoivent que vos charmes ;
Près de vous naissent les alarmes ;
Les plaintes, jamais les dégoûts ;
En passant Caton vous encense ;
Heureux même par vos rigueurs,
Chacun poursuit votre inconstance ;
Et, s'il n'obtient pas des faveurs,
Il obtient toujours l'espérance.

X.

RETOUR A ÉLÉONORE.

Ah ! si jamais on aima sur la terre,
Si d'un mortel on vit les dieux jaloux,
C'est dans le temps où, crédule et sincère,
J'étais heureux, et l'étais avec vous.
Ce doux lien n'avait point de modèle :
Moins tendrement le frère aime sa sœur,
Le jeune époux son épouse nouvelle,
L'ami sensible un ami de son cœur.
O toi, qui fus ma maîtresse fidèle,
Tu ne l'es plus ! Voilà donc ces amours

Que ta promesse éternisait d'avance !
Ils sont passés ; déjà ton inconstance
En tristes nuits a changé mes beaux jours.
N'est-ce pas moi de qui l'heureuse adresse
Aux voluptés instruisit ta jeunesse ?
Pour le donner, ton cœur est-il à toi ?
De ses soupirs le premier fut pour moi,
Et je reçus ta première promesse.
Tu me disais : « Le devoir et l'honneur
Ne veulent point que je sois votre amante.
N'espérez rien ; si je donnais mon cœur,
Vous tromperiez ma jeunesse imprudente :
On me l'a dit, votre sexe est trompeur. »
Ainsi parlait ta sagesse craintive ;
Et cependant tu ne me fuyais pas ;
Et cependant une rougeur plus vive
Embellissait tes modestes appas ;
Et cependant tu prononçais sans cesse
Le mot d'amour qui causait ton effroi ;
Et dans ma main la tienne avec mollesse
Venait tomber pour demander ma foi.
Je la donnai, je te la donne encore.
J'en fais serment au seul dieu que j'adore,
Au dieu chéri par toi-même adoré ;
De tes erreurs j'ai causé la première ;
De mes erreurs tu seras la dernière.
Et si jamais ton amant égaré
Pouvait changer, s'il voyait sur la terre
D'autre bonheur que celui de te plaire,
Ah ! puisse alors le ciel, pour me punir,
De tes faveurs m'ôter le souvenir !

Bientôt après, dans ta paisible couche
Par le plaisir conduit furtivement,
J'ai malgré toi recueilli de ta bouche
Ce premier cri si doux pour un amant !

POÉSIES ÉROTIQUES.

Tu combattais, timide Éléonore ;
Mais le combat fut bientôt terminé :
Ton cœur ainsi te l'avait ordonné.
Ta main pourtant me refusait encore
Ce que ton cœur m'avait déjà donné.
Tu sais alors combien je fus coupable !
Tu sais comment j'étonnai ta pudeur !
Avec quels soins au terme du bonheur
Je conduisis ton ignorance aimable !
Tu souriais, tu pleurais à la fois ;
Tu m'arrêtais dans mon impatience ;
Tu me nommais, tu gardais le silence :
Dans les baisers mourut ta faible voix.
Rappelle-toi nos heureuses folies.
Tu me disais en tombant dans mes bras :
Aimons toujours, aimons jusqu'au trépas.
Tu le disais ! je t'aime, et tu m'oublies.

XI.

PALINODIE.

Jadis, trahi par ma maîtresse,
J'osai calomnier l'Amour ;
J'ai dit qu'à ses plaisirs d'un jour
Succède un siècle de tristesse.
Alors, dans un accès d'humeur,
Je voulus prêcher l'inconstance.
J'étais démenti par mon cœur ;
L'esprit seul a commis l'offense.
Une amante m'avait quitté ;
Ma douleur s'en prit aux amantes.
Pour consoler ma vanité,
Je les crus toutes inconstantes.

Le dépit m'avait égaré.
Loin de moi le plus grand des crimes,
Celui de noircir par mes rimes
Un sexe toujours adoré,
Que l'amour a fait notre maître,
Qui seul peut donner le bonheur,
Qui sans notre exemple peut-être
N'aurait jamais été trompeur.
Malheur à toi, lyre fidèle,
Où j'ai modulé tous mes airs,
Si jamais un seul de mes vers
Avait offensé quelque belle!

Sexe léger, sexe charmant,
Vos défauts sont votre parure.
Remerciez bien la nature,
Qui vous ébaucha seulement.
Sa main bizarre et favorable
Vous orne mieux que tous vos soins;
Et vous plairiez peut-être moins
Si vous étiez toujours aimable.

XII.

LE RACCOMMODEMENT.

Nous renaissons, ma chère Éléonore;
Car c'est mourir que de cesser d'aimer.
Puisse le nœud qui vient de se former
Avec le temps se resserrer encore!
Devions-nous croire à ce bruit imposteur
Qui nous peignit l'un à l'autre infidèle?
Notre imprudence a fait notre malheur
Je te revois plus constante et plus belle.

Règne sur moi ; mais règne pour toujours.
Jouis en paix de l'heureux don de plaire.
Que notre vie, obscure et solitaire,
Coule en secret sous l'aile des Amours ;
Comme un ruisseau qui, murmurant à peine
Et dans son lit resserrant tous ses flots,
Cherche avec soin l'ombre des arbrisseaux,
Et n'ose pas se montrer dans la plaine.
Du vrai bonheur les sentiers peu connus
Nous cacheront aux regards de l'envie ;
Et l'on dira, quand nous ne serons plus,
Ils ont aimé, voilà toute leur vie.

LIVRE TROISIÈME.

I.

LES SERMENS.

Oui, j'en atteste la nuit sombre,
Confidente de nos plaisirs,
Et qui verra toujours son ombre
Disparaître avant mes désirs ;
J'atteste l'étoile amoureuse,
Qui, pour voler au rendez-vous,
Me prête sa clarté douteuse ;
Je prends à témoins ces verroux,
Qui souvent réveillaient ta mère,
Et cette parure étrangère,
Qui trompe les regards jaloux ;
Enfin, j'en jure par toi-même,
Je veux dire par tous mes dieux ;
T'aimer est le bonheur suprême ;

Il n'en est point d'autre à mes yeux.
Viens donc, ô ma belle maîtresse,
Perdre tes soupçons dans mes bras ;
Viens t'assurer de ma tendresse,
Et du pouvoir de tes appas.
Aimons, ma chère Éléonore,
Aimons au moment du réveil,
Aimons au lever de l'Aurore,
Aimons au coucher du soleil ;
Durant la nuit aimons encore.

II.

SOUVENIR.

Déjà la nuit s'avance, et du sombre orient
Ses voiles par degrés dans les airs se déploient.
Sommeil, doux abandon, image du néant,
Des maux de l'existence heureux délassement,
Tranquille oubli des soins où les hommes se noient ;
Et vous, qui nous rendez à nos plaisirs passés,
Touchante illusion, déesse des mensonges,
Venez dans mon asile, et sur mes yeux lassés
Secouez les pavots et les aimables songes.
Voici l'heure où, trompant les surveillans jaloux,
Je pressais dans mes bras ma maîtresse timide ;
Voici l'alcove sombre où, d'une aile rapide,
L'essaim des voluptés volait au rendez-vous ;
Voici le lit commode où l'heureuse licence
Remplaçait par degrés la mourante pudeur.
Importune vertu, fable de notre enfance,
Et toi, vain préjugé, fantôme de l'honneur,
Combien peu votre voix se fait entendre au cœur !
La nature aisément vous réduit au silence ;

Et vous vous dissipez au flambeau de l'Amour,
Comme un léger brouillard aux premiers feux du jo[ur]
Momens délicieux, où nos baisers de flamme,
Mollement égarés, se cherchent pour s'unir;
Où de douces fureurs s'emparent de notre âme
Laissent un libre cours au bizarre désir;
Momens plus enchanteurs, mais prompts à dispara[ître]
Où l'esprit échauffé, les sens, et tout notre être,
Semblent se concentrer pour hâter le plaisir;
Vous portez avec vous trop de fougue et d'ivress[e]
Vous fatiguez mon cœur qui ne peut vous saisir,
Et vous fuyez surtout avec trop de vitesse;
Hélas! on vous regrette avant de vous sentir.
Mais non; l'instant qui suit est bien plus doux enco[re]
Un long calme succède au tumulte des sens;
Le feu qui nous brûlait par degrés s'évapore;
La volupté survit aux pénibles élans;
L'âme sur son bonheur se repose en silence;
Et la réflexion, fixant la jouissance,
S'amuse à lui prêter un charme plus flatteur.
Amour, à ces plaisirs l'effort de ta puissance
Ne saurait ajouter qu'un peu plus de lenteur.

III.

LE SONGE.

A M. DE F...

Corrigé par tes beaux discours,
J'avais résolu d'être sage;
Et, dans un accès de courage
Je congédiais les Amours

Et les chimères du bel âge.
La nuit vint; un profond sommeil
Ferma mes paupières tranquilles:
Tous mes songes, purs et faciles,
Promettaient un sage réveil.
Mais quand l'Aurore impatiente,
Blanchissant l'ombre de la nuit,
A la nature renaissante
Annonça le jour qui la suit,
L'Amour vint s'offrir à ma vue.
Le sourire le plus charmant
Errait sur sa bouche ingénue;
Je le reconnus aisément.
Il s'approcha de mon oreille.
Tu dors, me dit-il doucement;
Et tandis que ton cœur sommeille,
L'heure s'écoule incessamment.
Ici-bas tout se renouvelle;
L'homme seul vieillit sans retour;
Son existence n'est qu'un jour,
Suivi d'une nuit éternelle,
Mais encor trop long sans amour. »
A ces mots j'ouvris la paupière.
Adieu, sagesse; adieu, projets.
Revenez, enfans de Cythère;
Je suis plus faible que jamais.

IV.

MA RETRAITE.

Solitude heureuse et champêtre,
Séjour du repos le plus doux,
La raison me ramène à vous;
Recevez enfin votre maître.

Je suis libre; j'échappe à ces soins fatigans,
A ces devoirs jaloux qui surchargent la vie.
Aux tyranniques lois d'un monde que j'oublie
Je ne soumettrai plus mes goûts indépendans.
Superbes orangers, qui croissez sans culture,
Versez sur moi vos fleurs, votre ombre, et vos parfums;
Mais surtout dérobez aux regards importuns
Mes plaisirs, comme vous enfans de la nature.
On ne voit point chez moi ces superbes tapis
Que la Perse à grands frais teignit pour notre usage;
Je ne repose point sous un dais de rubis;
  Mon lit n'est qu'un simple feuillage.
Qu'importe? le sommeil est-il moins consolant?
Les rêves qu'il nous donne en sont-ils moins aimables?
Le baiser d'une amante en est-il moins brûlant,
  Et les voluptés moins durables?
  Pendant la nuit, lorsque je peux
  Entendre dégoutter la pluie,
  Et les fils bruyans d'Orythie
  Ébranler mon toit dans leurs jeux;
  Alors si mes bras amoureux
  Entourent ma craintive amie;
  Puis-je encor former d'autre vœux?
  Qu'irais-je demander aux dieux,
  A qui mon bonheur fait envie?
  Je suis au port, et je me ris
  De ces écueils où l'homme échoue.
  Je regarde avec un souris
  Cette fortune qui se joue
  En tourmentant ses favoris;
  Et j'abaisse un œil de mépris
  Sur l'inconstance de sa roue.

 La scène des plaisirs va changer à mes yeux.
 Moins avide aujourd'hui, mais plus voluptueux,

    Disciple du sage Épicure,
Je veux que la raison préside à tous mes jeux.
De rien avec excès, de tout avec mesure;
    Voilà le secret d'être heureux.
    Trahi par ma jeune maîtresse,
    J'irai me plaindre à l'Amitié,
    Et confier à sa tendresse
    Un malheur bientôt oublié.
Bientôt? oui, la raison guérira ma faiblesse.
Si l'ingrate Amitié me trahit à son tour,
Mon cœur navré long-temps détestera la vie;
Mais enfin consolé par la philosophie,
Je reviendrai peut-être aux autels de l'Amour.
    La haine est pour moi trop pénible;
La sensibilité n'est qu'un tourment de plus :
    Une indifférence paisible
    Est la plus sage des vertus.

V.

AU GAZON

FOULÉ PAR ÉLÉONORE.

    Trône de fleurs, lit de verdure,
    Gazon planté par les Amours,
    Recevez l'onde fraîche et pure
    Que ma main vous doit tous les jours.

    Couronnez-vous d'herbes nouvelles,
    Croissez, gazons voluptueux.
    Qu'à midi Zéphyre amoureux
    Vous porte le frais sur ses ailes.

Que ces lilas entrelacés
Dont la fleur s'arrondit en voûte,
Sur vous mollement renversés,
Laissent échapper goutte à goutte
Les pleurs que l'Aurore a versés.
Sous les appas de ma maîtresse
Ployez toujours avec souplesse;
Mais sur-le-champ relevez-vous :
De notre amoureux badinage
Ne gardez point le témoignage;
Vous me feriez trop de jaloux.

VI.

LE VOYAGE MANQUÉ.

A M. DE F....

Abjurant ma douce paresse,
J'allais voyager avec toi;
Mais mon cœur reprend sa faiblesse;
Adieu, tu partiras sans moi.
Les baisers de ma jeune amante
Ont dérangé tous mes projets.
Ses yeux sont plus beaux que jamais;
Sa douleur la rend plus touchante.
Elle me serre entre ses bras,
Des dieux implore la puissance,
Pleure déjà mon inconstance,
Se plaint et ne m'écoute pas.
A ses reproches, à ses charmes,
Mon cœur ne sait pas résister.
Qui! moi, je pourrais la quitter!
Moi, j'aurais vu couler ses larmes,

Et je ne les essuîrais pas!
Périssent les lointains climats
Dont le nom causa ses alarmes!
Et toi, qui ne peux concevoir
Ni les amans, ni leur ivresse;
Toi, qui des pleurs d'une maîtresse
N'a jamais connu le pouvoir,
Pars; mes vœux te suivront sans cesse.
Mais crains d'oublier ta sagesse
Aux lieux que tu vas parcourir;
Et défends-toi d'une faiblesse
Dont je ne veux jamais guérir.

VII.

LE CABINET DE TOILETTE.

Voici le cabinet charmant
Où les grâces font leur toilette.
Dans cette amoureuse retraite
J'éprouve un doux saisissement.
Tout m'y rappelle ma maîtresse,
Tout m'y parle de ses attraits;
Je crois l'entendre; et mon ivresse
La revoit dans tous les objets.
Ce bouquet, dont l'éclat s'efface,
Toucha l'albâtre de son sein;
Il se dérangea sous ma main,
Et mes lèvres prirent sa place.
Ce chapeau, ces rubans, ces fleurs,
qui formaient hier sa parure,
De sa flottante chevelure
Conservent les douces odeurs.

Voici l'inutile balcine,
Où ses charmes sont en prison.
J'aperçois le soulier mignon
Que son pied remplira sans peine.
Ce lin, ce dernier vêtement....
Il a couvert tout ce que j'aime;
Ma bouche s'y colle ardemment,
Et croit baiser dans ce moment
Les attraits qu'il baisa lui-même.
Cet asile mystérieux
De Vénus sans doute est l'empire.
Le jour n'y blesse point mes yeux;
Plus tendrement mon cœur soupire;
L'air et les parfums qu'on respire
De l'amour allument les feux.
Parais; ô maîtresse adorée!
J'entends sonner l'heure sacrée
Qui nous ramène les plaisirs;
Du temps viens connaître l'usage,
Et redoubler tous les désirs
Qu'a fait naître ta seule image.

VIII.

L'ABSENCE.

Huit jours sont écoulés, depuis que dans ces plaines
Un devoir importun a retenu mes pas.
Croyez à ma douleur, mais ne l'éprouvez pas.
Puissiez-vous de l'amour ne point sentir les peines!

Le bonheur m'environne en ce riant séjour.
De mes jeunes amis la bruyante allégresse
Ne peut un seul moment distraire ma tristesse;
Et mon cœur aux plaisirs est fermé sans retour.

Mêlant à leur gaîté ma voix plaintive et tendre,
Je demande à la nuit, je redemande au jour
Cet objet adoré qui ne peut plus m'entendre.

Loin de vous autrefois je supportais l'ennui ;
L'espoir me consolait : mon amour aujourd'hui
Ne sait plus endurer les plus courtes absences.
Tout ce qui n'est pas vous me devient odieux.
Ah ! vous m'avez ôté toutes mes jouissances ;
J'ai perdu tous les goûts qui me rendaient heureux.
Vous seule me restez, ô mon Éléonore !
Mais vous me suffirez, j'en atteste les dieux ;
Et je n'ai rien perdu, si vous m'aimez encore.

IX.

MA MORT.

De mes pensers confidente chérie,
Toi, dont les chants faciles et flatteurs
Viennent parfois suspendre les douleurs
Dont les Amours ont parsemés ma vie,
Lyre fidèle où mes doigts paresseux
Trouvent sans art des sons mélodieux,
Prends aujourd'hui ta voix la plus touchante,
Et parle-moi de ma maîtresse absente.

Objet chéri, pourvu que dans tes bras
De mes accords j'amuse ton oreille,
Et qu'animé par le jus de la treille,
En les chantant, je baise tes appas ;
Si tes regards, dans un tendre délire,

Sur ton ami tombent languissamment ;
A mes accens si tu daignes sourire ;
Si tu fais plus, et si mon humble lyre
Sur tes genoux repose mollement ;
Qu'importe à moi le reste de la terre ?
Des beaux esprits qu'importe la rumeur,
Et du public la sentence sévère ?
Je suis amant et ne suis point auteur.
Je ne veux point d'une gloire pénible ;
Trop de clarté fait peur au doux plaisir.
Je ne suis rien, et ma Muse paisible
Brave en riant son siècle et l'avenir.
Je n'irai pas sacrifier ma vie
Au fol espoir de vivre après ma mort.
O ma maîtresse ! un jour l'arrêt du Sort
Viendra fermer ma paupière affaiblie.
Lorsque tes bras entourant ton ami,
Soulageront sa tête languissante,
Et que ses yeux soulevés à demi
Seront remplis d'une flamme mourante ;
Lorsque mes doigts tâcheront d'essuyer
Tes yeux fixés sur ma paisible couche,
Et que mon cœur, s'échappant sur ma bouche,
De tes baisers recevra le dernier ;
Je ne veux point qu'une pompe indiscrète
Vienne trahir ma douce obscurité,
Ni qu'un airain à grand bruit agité
Annonce à tous le convoi qui s'apprête.
Dans mon asile, heureux et méconnu,
Indifférent au reste de la terre,
De mes plaisirs je lui fais un mystère :
Je veux mourir comme j'aurai vécu.

X.

L'IMPATIENCE.

O ciel, après huit jours d'absence,
Après huit siècles de désirs,
J'arrive, et ta froide prudence
Recule l'instant des plaisirs
Promis à mon impatience!
« D'une mère je crains les yeux;
Les nuits ne sont pas assez sombres;
Attendons plutôt qu'à leurs ombres
Phébé ne mêle plus ses feux.
Ah! si l'on allait nous surprendre!
Remets à demain ton bonheur;
Crois-en l'amante la plus tendre,
Crois-en ses yeux et sa rougeur;
Tu ne perdras rien pour attendre. »
Voilà les vains raisonnemens
Dont tu veux payer ma tendresse;
Et tu feins d'oublier sans cesse
Qu'il est un dieu pour les amans.
Laisse à ce dieu qui nous appelle
Le soin d'assoupir les jaloux,
Et de conduire au rendez-vous
Le mortel sensible et fidèle
Qui n'est heureux qu'à tes genoux.
N'oppose plus un vain scrupule
A l'ordre pressant de l'Amour :
Quand le feu du désir nous brûle,
Hélas! on vieillit dans un jour.

XI.
RÉFLEXION AMOUREUSE.

Je vais la voir, la presser dans mes bras.
Mon cœur ému palpite avec vitesse;
Des voluptés je sens déjà l'ivresse,
Et le désir précipite mes pas.
Sachons pourtant, près de celle que j'aime,
Donner un frein aux transports du désir ;
Sa folle ardeur abrége le plaisir,
Et trop d'amour peut nuire à l'amour même.

XII.
LE BOUQUET DE L'AMOUR.

Dans ce moment les politesses,
Les souhaits vingt fois répétés,
Et les ennuyeuses caresses,
Pleuvent sans doute à tes côtés.
Après ces complimens sans nombre
L'Amour fidèle aura son tour;
Car, dès qu'il verra la nuit sombre
Remplacer la clarté du jour,
Il s'en ira, sans autre escorte
Que le Plaisir tendre et discret,
Frappant doucement à ta porte,
T'offrir ses vœux et son bouquet.

Quand l'âge aura blanchi ma tête,
Réduit tristement à glaner,
J'irai te souhaiter ta fête,
Ne pouvant plus te la donner.

XIII.
DÉLIRE.

Il est passé ce moment des plaisirs
Dont la vitesse a trompé mes désirs;
Il est passé; ma jeune et tendre amie,
Ta jouissance a doublé mon bonheur.
Ouvre tes yeux noyés dans la langueur,
Et qu'un baiser te rappelle à la vie.

Celui-là seul connaît la volupté,
Celui-là seul sentira son ivresse,
Qui peut enfin avec sécurité
Sur le duvet posséder sa maîtresse.
Le souvenir des obstacles passés
Donne au présent une douceur nouvelle;
A ses regards son amante est plus belle;
Tous les attraits sont vus et caressés.
Avec lenteur sa main voluptueuse
D'un sein de neige entr'ouvre la prison,
Et de la rose il baise le bouton
Qui se durcit sous sa bouche amoureuse.
Lorsque ses doigts égarés sur les lis
Viennent enfin au temple de Cypris,
De la pudeur prévenant la défense,
Par un baiser il la force au silence.
Il donne un frein aux aveugles désirs;
La jouissance est long-temps différée;
Il la prolonge, et son âme enivrée
Boit lentement la coupe des plaisirs.

Éléonore, amante fortunée,
Reste à jamais dans mes bras enchaînée.

Trouble charmant! le bonheur qui n'est plus
D'un nouveau rouge a coloré ta joue ;
De tes cheveux le ruban se dénoue,
Et du corset les liens sont rompus.
Ah! garde-toi de ressaisir encore
Ce vêtement qu'ont dérangé nos jeux ;
Ne m'ôte point ces charmes que j'adore,
Et qu'à la fois tous mes sens soient heureux !
Nous sommes seuls, je désire, et tu m'aimes ;
Reste sans voile, ô fille des Amours !
Ne rougis point, les Grâces elles-mêmes
De ce beau corps ont formé les contours.
Partout mes yeux reconnaissent l'albâtre,
Partout mes doigts effleurent le satin.
Faible Pudeur, tu résistes en vain ;
Des voluptés je baise le théâtre.
Pardonne tout, et ne refuse rien,
Éléonore; Amour est mon complice.
Mon corps frissonne en s'approchant du tien.
Plus près encor, je sens avec délice
Ton sein brûlant palpiter sous le mien.
Ah! laisse-moi, dans mes transports avides,
Boire l'amour sur tes lèvres humides.
Oui, ton haleine a coulé dans mon cœur,
Des voluptés elle y porte la flamme ;
Objet charmant de ma tendre fureur,
Dans ce baiser reçois toute mon âme.

A ces transports succède la douceur
D'un long repos. Délicieux silence,
Calme des sens, nouvelle jouissance,
Vous donnez seuls le suprême bonheur !

Puissent ainsi s'écouler nos journées,
Aux voluptés en secret destinées !
Qu'un long amour m'assure tes attraits ;
Qu'un long baiser nous unisse à jamais.

Laisse gronder la sagesse ennemie;
Le plaisir seul donne un prix à la vie.
Plaisirs, transports, doux présent de Vénus!
Il faut mourir quand on vous a perdus!

XIV.
LES ADIEUX.

Séjour triste, asile champêtre,
Qu'un charme embellit à mes yeux,
Je vous fuis pour jamais peut-être!
Recevez mes derniers adieux.
En vous quittant mon cœur soupire.
Ah! plus de chansons, plus d'amours.
Éléonore!..... Oui, pour toujours
Près de toi je suspens ma lyre.

LIVRE QUATRIÈME.

ÉLÉGIE I.

Du plus malheureux des amans
Elle avait essuyé les larmes;
Sur la foi des nouveaux sermens
Ma tendresse était sans alarmes;
J'en ai cru son dernier baiser;
Mon aveuglement fut extrême.
Qu'il est facile d'abuser
L'amant qui s'abuse lui-même!

Des yeux timides et baissés,
Une voix naïve et qui touche,
Des bras autour du cou passés,
Un baiser donné sur la bouche,
Tout cela n'est point de l'amour.
J'y fus trompé jusqu'à ce jour.
Je divinisais les faiblesses ;
Et ma sotte crédulité
N'osait des plus folles promesses
Soupçonner la sincérité ;
Je croyais surtout aux caresses.

Hélas ! en perdant mon erreur,
Je perds le charme de la vie.
J'ai partout cherché la candeur,
Partout j'ai vu la perfidie.
Le dégoût a flétri mon cœur.
Je renonce au plaisir trompeur,
Je renonce à mon infidèle,
Et, dans ma tristesse mortelle,
Je me repens de mon bonheur.

ÉLÉGIE II.

C'en est donc fait ! par des tyrans cruels,
Malgré ses pleurs à l'autel entraînée,
Elle a subi le joug de l'hyménée.
Elle a détruit par des nœuds solennels
Les nœuds secrets qui l'avaient enchaînée.

Et moi, long-temps exilé de ces lieux,
Pour adoucir cette absence cruelle,
Je me disais : Elle sera fidèle ;
J'en crois son cœur et ses derniers adieux.

Dans cet espoir j'arrivais sans alarmes.
Je tressaillais en arrêtant mes yeux
Sur le séjour qui cachait tant de charmes.
Et le plaisir faisait couler mes larmes.
Je payai cher ce plaisir imposteur!
Prêt à voler aux pieds de mon amante,
Dans un billet tracé par l'inconstante
Je lis son crime, et je lis mon malheur.
Un coup de foudre eût été moins terrible.
Éléonore! ô dieux! est-il possible!
Il est donc fait et prononcé par toi
L'affreux serment de n'être plus à moi :
Eléonore autrefois si timide,
Éléonore aujourd'hui si perfide,
De tant de soins voilà donc le retour!
Voilà le prix d'un éternel amour!
Car ne crois pas que jamais je t'oublie :
Il n'est plus temps, je le voudrais en vain;
Et malgré toi tu feras mon destin,
Je te devrai le malheur de ma vie.

En avouant ta noire trahison,
Tu veux encor m'arracher ton pardon :
Pour l'obtenir, tu dis que mon absence
A tes tyrans te livra sans défense.
Ah! si les miens, abusant de leurs droits,
Avaient voulu me contraindre au parjure,
Et m'enchaîner sans consulter mon choix,
L'amour, plus saint, plus fort que la nature,
Aurait bravé leur injuste pouvoir;
De la constance il m'eût fait un devoir.
Mais ta prière est un ordre suprême :
Trompé par toi, rejeté de tes bras,
Je te pardonne, et je ne me plains pas :
Puisse ton cœur te pardonner de même!

ÉLÉGIE III.

Bel arbre, pourquoi conserver
Ces deux noms qu'une main trop chère
Sur ton écorce solitaire
Voulut elle-même graver ?
Ne parle plus d'Éléonore;
Rejette ces chiffres menteurs :
Le temps a désuni les cœurs
Que ton écorce unit encore.

ÉLÉGIE IV.

Dieu des Amours, le plus puissant des dieux,
Le seul du moins qu'adora ma jeunesse,
Il m'en souvient, dans ce moment heureux
Où je fléchis mon ingrate maîtresse,
Mon cœur crédule et trompé par vous deux,
Mon faible cœur jura d'aimer sans cesse.
Mais je révoque un serment indiscret.
Assez long-temps tu tourmentas ma vie,
Amour, Amour, séduisante folie !
Je t'abandonne, et même sans regret.
Loin de Paphos la Raison me rappelle;
Je veux la suivre, et ne plus suivre qu'elle.

Pour t'obéir je semblais être né :
Vers tes autels dès l'enfance entraîné,
Je me soumis sans peine à ta puissance.
Ton injustice a lassé ma constance :
Tu m'as puni de ma fidélité.

Ah ! j'aurais dû, moins tendre et plus volage,
User des droits accordés au jeune âge.
Oui, moins soumis, tu m'aurais mieux traité.
Bien insensé celui qui près des belles
Perd en soupirs de précieux instans !
Tous les chagrins sont pour les cœurs fidèles ;
Tous les plaisirs sont pour les inconstans.

ÉLÉGIE V.

D'un long sommeil j'ai goûté la douceur.
Sous un ciel pur qu'elle embellit encore,
A mon réveil je vois briller l'Aurore ;
Le dieu du jour la suit avec lenteur.
Moment heureux ! la nature est tranquille,
Zéphyre dort sur la fleur immobile,
L'air plus serein a repris sa fraîcheur,
Et le silence habite mon asile.
Mais quoi ! le calme est aussi dans mon cœur !
Je ne vois plus la triste et chère image
Qui s'offrait seule à ce cœur tourmenté ;
Et la raison par sa douce clarté
De mes ennuis dissipe le nuage.
Toi que ma voix implorait chaque jour,
Tranquillité, si long-temps attendue,
Des cieux enfin te voilà descendue,
Pour remplacer l'impitoyable Amour.
J'allais périr ; au milieu de l'orage
Un sûr abri me sauve du naufrage ;
De l'aquilon j'ai trompé la fureur ;
Et je contemple, assis sur le rivage,
Des flots grondans la vaste profondeur.
Fatal objet dont j'adorai les charmes,

A ton oubli je vais m'accoutumer.
Je t'obéis enfin ; sois sans alarmes ;
Je sens pour toi mon âme se fermer.
Je pleure encor, mais j'ai cessé d'aimer ;
Et mon bonheur fait seul couler mes larmes.

ÉLÉGIE VI.

J'ai cherché dans l'absence un remède à mes maux ;
J'ai fui les lieux charmans qu'embellit l'infidèle.
Caché dans ces forêts dont l'ombre est éternelle,
J'ai trouvé le silence, et jamais le repos.
Par les sombres détours d'une route inconnue
J'arrive sur ces monts qui divisent la nue :
De quel étonnement tous mes sens sont frappés !
Quel calme ! quels objets ! quelle immense étendue !
La mer paraît sans borne à mes regards trompés,
Et dans l'azur des cieux est au loin confondue.
Le zéphyr en ce lieu tempère les chaleurs ;
De l'aquilon parfois on y sent les rigueurs ;
Et tandis que l'hiver habite ses montagues,
Plus bas l'été brûlant dessèche les campagnes.

Le volcan dans sa course a dévoré ses champs ;
La pierre calcinée atteste son passage :
L'arbre y croît avec peine ; et l'oiseau par ses chants
N'a jamais égayé ce lieu triste et sauvage.
Tout se tait, tout est mort. Mourez, honteux soupirs ;
  Mourez, importuns souvenirs
  Qui me retracez l'infidèle,
  Mourez, tumultueux désirs,
  Ou soyez volages comme elle.
  Ces bois ne peuvent me cacher ;

    Ici même, avec tous ses charmes,
    L'ingrate encor me vient chercher;
    Et son nom fait couler des larmes
    Que le temps aurait dû sécher.
O dieux! ô rendez-moi ma raison égarée;
Arrachée de mon cœur cette image adorée;
Éteignez cet amour qu'elle vient rallumer,
Et qui remplit encor mon âme tout entière.
    Ah! l'on devrait cesser d'aimer
    Au moment qu'on cesse de plaire.

Tandis qu'avec mes pleurs la plainte et les regrets
    Coulent de mon âme attendrie,
    J'avance, et de nouveaux objets
    Interrompent ma rêverie.
Je vois naître à mes pieds ces ruisseaux différens,
Qui, changés tout-à-coup en rapides torrens,
Traversent à grand bruit les ravines profondes,
Roulent avec leurs flots le ravage et l'horreur,
Fondent sur le rivage, et vont avec fureur
Dans l'océan troublé précipiter leurs ondes.
Je vois des rocs noircis, dont le front orgueilleux
    S'élève et va frapper les cieux.
    Le temps a gravé sur leurs cimes
    L'empreinte de la vétusté.
    Mon œil rapidement porté
De torrens en torrens, d'abîmes en abîmes,
    S'arrête épouvanté.
O nature! qu'ici je ressens ton empire!
J'aime de ce désert la sauvage âpreté;
De tes travaux hardis j'aime la majesté;
Oui, ton horreur me plaît, je frissonne, et j'admire.

Dans ce séjour tranquille, aux regards des humains
Que ne puis-je cacher le reste de ma vie!
Que ne puis-je du moins y laisser mes chagrins!
Je venais oublier l'ingrate qui m'oublie,

Et ma bouche indiscrète a prononcé son nom;
Je l'ai redit cent fois, et l'écho solitaire
De ma voix douloureuse a prolongé le son;
    Ma main l'a gravé sur la pierre;
    Au mien il est entrelacé.
Un jour le voyageur, sous la mousse légère,
    De ces noms connus à Cythère
    Verra quelque reste effacé.
Soudain il s'écrira : Son amour fut extrême;
Il chanta sa maîtresse au fond de ces déserts.
Pleurons sur ses malheurs, et relisons les vers
    Qu'il soupira dans ce lieu même.

ÉLÉGIE VII.

Il faut tout perdre, il faut vous obéir.
Je vous les rends ces lettres indiscrètes,
De votre cœur éloquens interprètes,
Et que le mien eût voulu retenir;
Je vous les rends. Vos yeux à chaque page
Reconnaîtront l'amour et son langage,
Nos doux projets, vos sermens oubliés,
Et tous mes droits par vous sacrifiés.

C'était trop peu, cruelle Éléonore,
De m'arracher ces traces d'un amour
Payé par moi d'un éternel retour;
Vous ordonnez que je vous rende encore
Ces traits chéris, dont l'aspect enchanteur
Adoucissait et trompait ma douleur.
Pourquoi chercher une excuse inutile,
En reprenant ces gages adorés
Qu'aux plus grands biens j'ai toujours préférés?
De vos rigueurs le prétexte est futile.

Non, la prudence et le devoir jaloux
N'exigent pas ce double sacrifice.
Mais ces écrits qu'un sentiment propice
Vous inspira dans des momens plus doux,
Mais ce portrait, ce prix de ma constance,
Que sur mon cœur attacha votre main,
En le trompant, consolaient mon chagrin :
Et vous craignez d'adoucir ma souffrance;
Et vous voulez que mes yeux désormais
Ne puissent plus s'ouvrir sur vos attraits;
Et vous voulez, pour combler ma disgrâce,
De mon bonheur ôter jusqu'à la trace.
Ah! j'obéis, je vous rends vos bienfaits.
Un seul me reste, il me reste à jamais.
Oui, malgré vous, qui causez ma faiblesse,
Oui, malgré moi, ce cœur infortuné
Retient encore et gardera sans cesse
Le fol amour que vous m'avez donné.

ÉLÉGIE VIII.

Aimer est un destin charmant;
C'est un bonheur qui nous enivre,
Et qui produit l'enchantement.
Avoir aimé c'est ne plus vivre.
Hélas! c'est avoir acheté
Cette accablante vérité,
Que les sermens sont un mensonge,
Que l'amour trompe tôt ou tard,
Que l'innocence n'est qu'un art,
Et que le bonheur n'est qu'un songe.

ÉLÉGIE IX.

Toi qu'importune ma présence,
A tes nouveaux plaisirs je laisse un libre cours;
Je ne troublerai plus tes nouvelles amours;
Je remets à ton cœur le soin de ma vengeance.
Ne crois pas m'oublier; tout t'accuse en ces lieux;
Ils savent tes sermens, ils sont pleins de mes feux,
  Ils sont pleins de ton inconstance.
  Là, je te vis pour mon malheur :
  Belle de ta seule candeur,
  Tu semblais une fleur nouvelle,
  Qui, loin du zéphyr corrupteur,
  Sous l'ombrage qui la recèle
  S'épanouit avec lenteur.
C'est ici qu'un sourire approuva ma tendresse :
Plus loin, quand le trépas menaçait ta jeunesse,
Je promis à l'Amour de te suivre au tombeau.
Ta pudeur en ce lieu se montra moins farouche,
Et le premier baiser fut donné par ta bouche;
Des jours de mon bonheur ce jour fut le plus beau.
  Ici, je bravai la colère
  D'un père indigné contre moi;
  Renonçant à tout sur la terre,
  Je jurai de n'être qu'à toi.
Dans cette alcôve obscure... ô touchantes alarmes!
O transport! ô langueur qui fait couler des larmes!
Oubli de l'univers! ivresse de l'amour!
  O plaisirs passés sans retour!
De ces premiers plaisirs l'image séduisante
  Incessamment te poursuivra;
Et, loin de l'effacer, le temps l'embellira.
  Toujours plus pure et plus touchante,

Elle empoisonnera ton coupable bonheur,
Et punira tes sens du crime de ton cœur.
Oui, tes yeux prévenus me reverront encore;
Non plus comme un amant tremblant à tes genoux,
Qui se plaint sans aigreur, menace sans courroux,
    Qui te pardonne et qui t'adore;
    Mais comme un amant irrité,
Comme un amant jaloux qui tourmente le crime,
Qui ne pardonne plus, qui poursuit sa victime,
    Et punit l'infidélité.
Partout je te suivrai, dans l'enceinte des villes,
Au milieu des plaisirs, sous les forêts tranquilles,
Dans l'ombre de la nuit, dans les bras d'un rival.
Mon nom de tes remords deviendra le signal.
Éloigné pour jamais de cette île odieuse,
J'apprendrai ton destin, je saurai ta douleur;
    Je dirai : Qu'elle soit heureuse!
Et ce vœu ne pourra te donner le bonheur.

ÉLÉGIE X.

Par cet air de sérénité,
Par cet enjoûment affecté,
D'autres seront trompés peut-être;
Mais mon cœur vous devine mieux,
Et vous n'abusez point des yeux
Accoutumés à vous connaître.
L'esprit vole à votre secours,
  Et malgré vos soins, son adresse
Ne peut égayer vos discours;
  Vous souriez, mais c'est toujours
  Le sourire de la tristesse.
  Vous cachez en vain vos douleurs;

Vos soupirs se font un passage;
Les roses de votre visage
Ont perdu leurs vives couleurs;
Déjà vous négligez vos charmes;
Ma voix fait naître vos alarmes;
Vous abrégez nos entretiens;
Et vos yeux noyés dans les larmes
Évitent constamment les miens.
Ainsi donc mes peines cruelles
Vont s'augmenter de vos chagrins!
Malgré les dieux et les humains,
Je le vois, nos cœurs sont fidèles.
Objet du plus parfait amour,
Unique charme de ma vie,
O maîtresse toujours chérie,
Faut-il te perdre sans retour!
Ah! faut-il que ton inconstance
Ne te donne que des tourmens!
Si du plus tendre des amans
La prière a quelque puissance,
Trahis mieux tes premiers sermens;
Que ton cœur me plaigne et m'oublie.
Permets à de nouveaux plaisirs
D'effacer les vains souvenirs
Qui causent ta mélancolie.
J'ai bien assez de mes malheurs.
J'ai pu supporter tes rigueurs,
Ton inconstance, tes froideurs,
Et tout le poids de ma tristesse;
Mais je succombe, et ma tendresse
Ne peut soutenir tes douleurs.

ÉLÉGIE XI.

Que le bonheur arrive lentement !
Que le bonheur s'éloigne avec vitesse !
Durant le cours de ma triste jeunesse,
Si j'ai vécu, ce ne fut qu'un moment.
Je suis puni de ce moment d'ivresse.
L'espoir qui trompe a toujours sa douceur,
Et dans nos maux du moins il nous console ;
Mais loin de moi l'illusion s'envole,
Et l'espérance est morte dans mon cœur.
Ce cœur, hélas ! que le chagrin dévore,
Ce cœur malade et surchargé d'ennui
Dans le passé veut ressaisir encore
De son bonheur la fugitive aurore,
Et tous les biens qu'il n'a plus aujourd'hui ;
Mais du présent l'image trop fidèle
Me suit toujours dans ces rêves trompeurs,
Et sans pitié la vérité cruelle
Vient m'avertir de répandre des pleurs.
J'ai tout perdu ; délire, jouissance,
Transports brûlans, paisible volupté,
Douces erreurs, consolante espérance,
J'ai tout perdu ; l'amour seul est resté.

ÉLÉGIE XII.

Calme des sens, paisible Indifférence,
Léger sommeil d'un cœur tranquillisé,
Descends du ciel ; éprouve ta puissance
Sur un amant trop long-temps abusé.

Mène avec toi l'heureuse Insouciance,
Les Plaisirs purs qu'autrefois j'ai connus,
Et le Repos que je ne trouve plus ;
Mène surtout l'Amitié consolante
Qui s'enfuyait à l'aspect des Amours,
Et des Beaux-Arts la famille brillante,
Et la Raison que je craignais toujours.
Des passions j'ai trop senti l'ivresse ;
Porte la paix dans le fond de mon cœur :
Ton air serein ressemble à la sagesse,
Et ton repos est presque le bonheur.
Il est donc vrai, l'amour n'est qu'un délire !
Le mien fut long ; mais enfin je respire,
Je vais renaître ; et mes chagrins passés,
Mon fol amour, les pleurs que j'ai versés,
Seront pour moi comme un songe pénible
Et douloureux à nos sens éperdus,
Mais qui, suivi d'un réveil plus paisible,
Nous laisse à peine un souvenir confus.

ÉLÉGIE XIII.

Il est temps, mon Éléonore,
De mettre un terme à nos erreurs ;
Il est temps d'arrêter les pleurs
Que l'amour nous dérobe encore.
Il disparaît l'âge si doux,
L'âge brillant de la folie ;
Lorsque tout change autour de nous,
Changeons, ô mon unique amie !
D'un bonheur qui fuit sans retour
Cessons de rappeler l'image ;
Et des pertes du tendre Amour
Que l'Amitié nous dédommage.

Je quitte enfin ces tristes lieux
Où me ramena l'espérance,
Et l'Océan entre nous deux
Va mettre un intervalle immense.
Il faut même qu'à mes adieux
Succède une éternelle absence ;
Le devoir m'en fait une loi.
Sur mon destin sois plus tranquille ;
Mon nom passera jusqu'à toi :
Quel que soit mon nouvel asile,
Le tien parviendra jusqu'à moi.
Trop heureux, si tu vis heureuse,
A cette absence douloureuse
Mon cœur pourra s'accoutumer.
Mais ton image va me suivre ;
Et si je cesse de t'aimer,
Crois que j'aurai cessé de vivre.

ÉLÉGIE XIV.

Cesse de m'affliger, importune Amitié.
    C'est en vain que tu me rappelles
Dans ce monde frivole où je suis oublié :
Ma raison se refuse à des erreurs nouvelles.
Oses-tu me parler d'amour et de plaisirs ?
Ai-je encor des projets, ai-je encor des désirs ?
Ne me console point : ma tristesse m'est chère ;
Laisse gémir en paix ma douleur solitaire.
    Hélas ! cette injuste douleur
    De tes soins en secret murmure ;
    Elle aigrit même la douceur
    De ce baume consolateur
    Que tu verses sur ma blessure.
    Du tronc qui nourrit sa vigueur

La branche une fois détachée
Ne reprend jamais sa fraîcheur;
Et l'on arrose en vain la fleur,
Quand la racine est desséchée.
De mes jours le fil est usé;
Le chagrin dévorant a flétri ma jeunesse;
Je suis mort au plaisir, et mort à la tendresse.
Hélas! j'ai trop aimé; dans mon cœur épuisé
    Le sentiment ne peut renaître.
Non, non; vous avez fui, pour ne plus reparaître,
Première illusion de mes premiers beaux jours,
Céleste enchantement des premières amours!
O fraîcheur du plaisir! ô volupté suprême!
Je vous connus jadis, et dans ma douce erreur,
    J'osai croire que le bonheur
    Durait autant que l'amour même.
Mais le bonheur fut court, et l'amour me trompait.
L'amour n'est plus, l'amour est éteint pour la vie;
Il laisse un vide affreux dans mon âme affaiblie;
    Et la place qu'il occupait
    Ne peut être jamais remplie.

APPENDICE *

A ÉLÉONORE.

Aimer à treize ans, dites-vous,
C'est trop tôt. Eh, qu'importe l'âge?
Avez-vous besoin d'être sage
    Pour goûter le plaisir des fous?
    Ne prenez pas pour une affaire

---

* Nous donnons sous ce titre quelques pièces que Parny n'avait point conservées dans ses œuvres.

Ce qui n'est qu'un amusement ;
Lorsque vient la saison de plaire,
Le cœur n'est pas long-temps enfant.
Au bord d'une onde fugitive,
Reine des buissons d'alentour,
Une rose à demi captive
S'ouvrait aux rayons d'un beau jour.
Égaré par un goût volage,
Dans ces lieux passe le Zéphyr :
Il l'aperçoit, et du plaisir
Lui propose l'apprentissage,
Mais en vain : son air ingénu
Ne touche point la fleur cruelle.
De grâce, laissez-moi, dit-elle ;
A peine vous ai-je entrevu ;
Je ne fais encor que de naître ;
Revenez ce soir, et peut-être
Serez-vous un peu mieux reçu.
Zéphyr s'envole à tire-d'ailes,
Et va se consoler ailleurs,
Ailleurs, car il en est des fleurs
A peu près comme de nos belles.
Tandis qu'il fuit s'élève un vent
Un peu plus fort que d'ordinaire,
Qui de la rose, en se jouant,
Détache une feuille légère ;
La feuille tombe, et du courant
Elle suit la pente rapide ;
Une autre feuille en fait autant,
Puis trois, puis quatre ; en un moment,
L'effort de l'aquilon perfide
Eut moissonné tous ces appas
Qu'apprêtait une main divine
Pour des amans plus délicats.
Le Zéphyr revint : mais, hélas !
Il ne restait plus qu'une épine.

6.

II.
A AGLAÉ.

Tu me promets d'être constante,
Et tu veux qu'aux pieds des autels
Nous formions des vœux solennels!
Aglaé, ta flamme est prudente.
Eh bien, d'un éternel amour
Je fais le serment redoutable,
Si tu veux jurer à ton tour
D'être à mes yeux toujours aimable.

III.
A UN AMANT.

Cruel, as-tu bien le courage
De tourmenter un jeune cœur,
Qui, trop soumis, pour son malheur,
Chérit jusqu'à son esclavage?
De l'hymen usurpant les droits,
Ton orgueil prétend-il sans cesse
Ranger sous de pénibles lois
Celle qu'Amour fit ta maîtresse?
Tu dois sans doute être flatté
D'inspirer de tendres alarmes,
Et d'affliger une beauté
Dont ta main peut sécher les larmes;
Il est doux de la désoler,
Sa douleur la rend plus jolie:
Mais les pleurs que l'on fait couler
Valent-ils ceux que l'on essuie?

IV.
SUR LA MALADIE D'ÉLÉONORE.

C'en est fait, la faux du trépas
Se lève sur ma jeune amie ;
Le feu d'une fièvre ennemie
Brûle ses membres délicats.
Je l'ai vue au milieu des peines,
Sur son front j'ai posé la main ;
O douleur ! j'ai senti soudain
Ce feu qui coule dans ses veines.
Ses yeux peignaient l'égarement
Et le désordre de son âme ;
Ses yeux, que je vis si souvent
Briller d'une plus douce flamme,
N'ont point reconnu son amant.
Ah ! ses beaux jours naissent à peine :
O mort ! garde-toi de frapper,
Ou tranche sa vie et la mienne :
Tu n'auras qu'un fil à couper.

V.
LES IMPRÉCATIONS.

Toi que notre bonheur offense,
Et qui des plus tendres amours
Traverses le paisible cours,
Crains Vénus, et crains sa vengeance.

Crains son fils, dont le trait vainqueur
Ne manqua jamais sa victime :
Crains qu'il n'allume dans ton cœur
Ces feux dont tu me fais un crime.
Puisses-tu brûler quelque jour,
Et n'obtenir aucun retour !
Puisse ton amante farouche
Te promettre enfin un baiser,
Et tout-à-coup le refuser
En posant la main sur sa bouche !
Que ton rival, moins amoureux,
Au même instant soit plus heureux !
Et si jamais à l'inconstante
Tu dérobais un rendez-vous,
Puisse alors le sommeil jaloux
Tromper son amoureuse attente !
Puisse le marteau fortuné,
Dans l'air tout-à-coup enchaîné,
Ne point réveiller ta maîtresse !
Et toi, passer dans la tristesse
Le temps au plaisir destiné !
Enfin, si ton heureuse étoile
Te conduisait entre ses bras,
Puisse-t-elle sur ses appas
Garder toujours un dernier voile !

VI.

PRIÈRES AU SOMMEIL.

J'en ai l'heureuse promesse :
Vers le milieu de la nuit,
L'Amour m'ouvrira sans bruit
L'alcôve de ma maîtresse.

Garde-toi, dieu du repos,
De tromper ma douce attente;
Sur les yeux de mon amante
Ne verse point tes pavots.
Notre heure est bien loin encore,
Et le temps qu'en vain j'implore
Ne vient pour nous qu'à pas lents.
Ah! je crains qu'avec adresse,
Ta douceur enchanteresse
Ne surprenne enfin ses sens,
Et n'endorme sa tendresse.
Pour occuper ses loisirs,
Qu'une aimable rêverie
Donne à son âme attendrie
L'avant-goût de nos plaisirs.
Toujours prompte à disparaître,
La jouissance est peut-être
Moins douce que les désirs.

VII.

A MONSIEUR DE F.

Je croyais qu'avec l'infidèle
Tous mes liens étaient rompus :
Mon cœur ne m'en reparlait plus :
De loin je la trouvais moins belle.
Doux espoir trop tôt dissipé!
Elle a souri, je l'aime encore.
L'inconstante! elle m'a trompé,
Elle me trompe, et je l'adore.
Épargne-toi de vains discours;
Va, j'entrevois mieux que personne
Le mensonge de ses amours,
Et des plaisirs qu'elle me donne;

Ma raison l'accuse toujours,
Et toujours mon cœur lui pardonne.
Ce cœur qu'elle a trop méconnu,
Ce cœur pour elle prévenu,
Doute encor de son inconstance.
Hier, après deux mois d'absence,
Elle reparut dans ces lieux :
J'ai mal évité sa présence,
Je l'ai vue : ô moment heureux !
Sur ses lèvres et dans ses yeux
J'ai cru lire son innocence.
Tu ris de ma crédulité ;
Mais du soin de ma liberté
En vain ton amitié s'occupe ;
Le dieu qui la fit pour charmer,
M'avait fait pour toujours l'aimer,
Et pour être toujours sa dupe.

VIII.

COURROUX D'UN AMANT.

Je l'aimais du plus tendre amour ;
Elle m'a trahi, l'infidèle !
Mais elle est trahie à son tour,
Et mon rival m'a vengé d'elle.
Que ses pleurs coulent vainement :
Qu'elle tombe aux pieds d'un amant,
Et qu'il soit sourd à sa prière ;
Qu'elle éprouve enfin le tourment
D'aimer et de cesser de plaire.
Qu'ai-je dit ? ô vœux insensés,
Que le dépit a prononcés,
Et démentis par ma tendresse !
Hélas ! elle fut ma maîtresse ;

Le souvenir de mon bonheur
Est encore présent à mon cœur;
N'insultons point à sa tristesse.
J'avais trop compté sur sa foi;
La beauté toujours est trompeuse;
Inconstante! va, sois heureuse,
Quand tu devrais l'être sans moi.

IX.
A ÉLÉONORE.

Au sein d'un asile champêtre
Où Damis trouvait le repos,
Le plus paisible des ruisseaux,
Parmi les fleurs qu'il faisait naître,
Roulait nonchalamment ses flots.
Au campagnard il prit envie
D'emprisonner dans son jardin
Cette eau qui lui donnait la vie;
Il prépare un vaste bassin
Qui reçoit la fleur étonnée.
Qu'arriva-t-il? un noir limon
Trouble bientôt l'onde enchaînée;
Cette onde se tourne en poison.
La tendre fleur à peine éclose
Sur les bords penche tristement;
Adieu l'œillet, adieu la rose.
Flore s'éloigne en gémissant.
Ce ruisseau, c'est l'amour volage;
Ces fleurs vous peignent les plaisirs
Qu'il fait naître sur son passage.
Des regrets et des vains soupirs
Ce limon perfide est l'image :

Et pour le malheureux bassin,
On assure que c'est l'hymen.

X.

IL FAUT AIMER.

Vous qui de l'amoureuse ivresse
    Fuyez la loi,
Approchez-vous, belle jeunesse,
    Écoutez-moi.
Votre cœur a beau se défendre
    De s'enflammer ;
Le moment vient, il faut se rendre,
    Il faut aimer.

Hier, au bois, ma chère Annette
    Prenait le frais :
Elle chantait sur sa musette,
    N'aimons jamais.
M'approchant alors par derrière
    Sans me nommer,
Je dis : vous vous trompez, ma chère,
    Il faut aimer.

En rougissant la pastourelle
    Me répondit :
D'amour la flèche est trop cruelle,
    On me l'a dit.
A treize ans le cœur est trop tendre
    Pour s'enflammer :
C'est à vingt ans qu'il faut attendre
    Pour mieux aimer.

Lors je lui dis : La beauté passe
  Comme une fleur ;
Un souffle, bien souvent,
  Dans sa fraicheur ;
Rien ne peut, quand elle est flétrie,
  La ranimer :
C'est quand on est jeune et jolie
  Qu'il faut aimer.

Belle amie, à si douce atteinte
  Cédez un peu :
Cet amour dont vous avez crainte
  N'est rien qu'un jeu.
Annette soupire et commence
  A s'alarmer.
Mais ses yeux avaient dit d'avance,
  Il faut aimer.

L'air était frais, l'instant propice,
  Le bois touffu,
Annette fuit, le pied lui glisse
  Tout est perdu.
L'Amour, la couvrant de son aile,
  Sut l'animer :
Hélas ! je vois trop, lui dit-elle,
  Qu'il faut aimer.

Les oiseaux, témoins de l'affaire,
  Se baisaient mieux ;
L'onde, plus tard qu'à l'ordinaire,
  Quittait ces lieux ;
Les roses s'empressaient d'éclore
  Pour embaumer,
Et l'écho répétait encore,
  Il faut aimer.

XI.
CHANSON.

Lorsque la tendre tourterelle,
Le soir ne revient pas au nid,
L'époux affligé la rappelle,
   La rappelle et languit.

Plus douloureux est mon martyre
Loin de l'objet de mon amour :
Et mon cœur désolé soupire,
   Soupire nuit et jour.

Aux lieux qu'embellit ma maîtresse,
O vous tous qui portez vos pas,
Consolez-la dans sa tristesse,
   Et dites-lui tout bas :

Ton ami, jeune Éléonore,
Est toujours fidèle à sa foi;
Il te regrette, il t'aime encore,
   Il n'aimera que toi.

Si pourtant gentille bergère,
Douce et respirant le plaisir,
Veut faire un voyage à Cythère,
   Amour, viens m'avertir.

Non que je puisse être infidèle;
Éléonore, ne crains rien.
Mais las! elle est si loin ma belle!
   Amour, tu m'entends bien?

FIN DES POÉSIES ÉROTIQUES.

LA JOURNÉE CHAMPÊTRE.

On m'a conté qu'autrefois dans Palerme,
Ville où l'Amour eut toujours des autels,
L'Amitié sut d'un nœud durable et ferme
Unir entre eux quatre jeunes mortels.
Égalité de biens et de naissance,
Conformité d'humeur et de penchans,
Tout s'y trouvait; l'habitude et le temps
De ces liens assuraient la puissance.
L'aîné d'entre eux ne comptait pas vingt ans;
C'était Volmon, de qui l'air doux et sage
Montrait un cœur naïf et sans détour,
Et qui jamais des erreurs du bel âge
N'avait connu que celle de l'Amour.
Loin du fracas et d'un monde frivole,
Dans un réduit préparé de leurs mains,
Nos jeunes gens venaient tous les matins
De l'amitié tenir la douce école
Ovide un jour occupait leurs loisirs.
Florval lisait d'une voix attendrie
Ces vers touchans où l'amant de Julie
De l'âge d'or a chanté les plaisirs
« Cet âge heureux ne serait-il qu'un songe?
Reprit Talcis, quand Florval eut fini.
N'en doutez point, lui répondit Volny;
Tant de bonheur est toujours un mensonge. »

FLORVAL.

« Et pourquoi donc? toute l'antiquité,
Plus près que nous de cet âge vanté,
En a transmis et pleuré la mémoire. »

VOLNY.

« L'antiquité ment un peu, comme on sait
Il faut plutôt l'admirer que la croire.
Ouvre les yeux, vois l'homme; et ce qu'il est
De ce qu'il fut te donnera l'histoire. »

TALCIS.

« L'enfant qui plut par ses jeunes attraits
A soixante ans conserve-t-il ses traits ?
L'homme a vieilli; sans doute en son enfance.
Il ne fut point ce qu'il est aujourd'hui.
Si l'univers a jamais pris naissance,
Ces jours si beaux ont dû naître avec lui. »

VOLNY.

« Rien ne vieillit... » Volmon alors se lève :
« Mes chers amis, tous trois vous parlez d'or;
Mais je prétends qu'il vaudrait mieux encor
Réaliser entre nous ce beau rêve.
Loin de Palerme à l'ombre des vergers,
Pour un seul jour devenons tous bergers.
Mais gardons-nous d'oublier nos bergères.
De l'innocence elles ont tous les goûts :
Parons leurs mains de houlettes légères;
L'amour champêtre est, dit-on, le plus doux. »
Avec transports cette offre est écoutée;
On la répète, et chacun d'applaudir :
Laure et Zulmis voudraient déjà partir
Églé sourit, Naïs est enchantée;
On fixe un jour; et ce jour attendu
Commence à peine, on part, on est rendu.

Sur le penchant d'une haute montagne
La main du Goût construisit un château,
D'où l'œil au loin se perd dans la campagne.
De ses côtés part un double coteau.
L'un est couvert d'un antique feuillage
Que la cognée a toujours respecté;

Du voyageur il est peu fréquenté,
Et n'offre aux yeux qu'une beauté sauvage.
L'autre présente un tableau plus riant :
L'épi jaunit ; Zéphyre, en s'égayant,
Aime à glisser sur la moisson dorée ;
Et tout auprès la grappe colorée
Fait succomber le rameau chancelant.
Ces deux coteaux, arrondis en ovale,
Forment au loin un vallon spacieux,
Dont la Nature, admirable en ces jeux,
A bigarré la surface inégale.
Ici s'élève un groupe d'orangers
Dont les fruits d'or pendent sur des fontaines;
Plus loin fleurit, sous l'abri des vieux chênes,
Le noisetier si chéri des bergers ;
A quelques pas se forme une éminence,
D'où le pasteur appelle son troupeau ;
De là son œil suit avec complaisance
Tous les détours d'un paisible ruisseau :
En serpentant, il baigne la prairie,
Il fuit, revient dans la plaine fleurie
Où tour à tour il murmure et se tait,
Se rétrécit et coule avec vitesse,
Puis s'élargit et reprend sa paresse,
Pour faire encor le chemin qu'il a fait :
Mais un rocher barre son onde pure ;
Triste, il paraît étranger dans ces lieux ;
Son ombre au loin s'étend sur la verdure,
Et l'herbe croît sur son front sourcilleux.
L'onde, à ses pieds, revient sur elle-même,
Ouvre deux bras pour baigner ses contours,
S'unit encore, et dans ces champs qu'elle aime
Va sous les fleurs recommencer son cours.

Voilà l'asile où la troupe amoureuse
Vient accomplir le projet de Volmon.

7.

Là n'entrent point l'Étiquette orgueilleuse,
Et les Ennuis attachés au bon ton.
La Liberté doit régner au village.
Un jupon court, parsemé de feuillage,
A remplacé l'enflure des paniers ;
Le pied mignon sort des riches souliers
Pour mieux fouler la verdure fleurie ;
La robe tombe, et la jambe arrondie
A l'œil charmé se découvre à moitié ;
De la toilette on renverse l'ouvrage ;
Dans sa longueur le chignon déployé
Flotte affranchi de son triste esclavage ;
La propreté succède aux ornemens ;
Du corps étroit on a brisé la chaîne ;
Le sein se gonfle et s'arrondit sans peine
Dans un corset noué par les amans ;
Le front, caché sous un chapeau de roses,
Ne soutient plus le poids des diamans ;
La beauté gagne à ces métamorphoses ;
Et nos amis, dans leur fidelité,
Du changement goûtent la volupté.

Dans la vallée on descend au plus vite,
Et des témoins on fuit l'œil indiscret ;
La Liberté, l'Amour, et le Secret,
De nos bergers forment toute la suite.

Déjà du ciel l'azur était voilé,
Déjà la Nuit de son char étoilé
Sur ces beaux lieux laissait tomber son ombre ;
D'un pied léger on franchit le coteau,
Et ces chansons vont réveiller l'Écho
Qui reposait dans la caverne sombre :

« Couvre le muet univers,
Parais, Nuit propice et tranquille,

Et fais tomber sur cet asile
La paix qui règne dans les airs.

Ton sceptre impose à la nature
Un silence majestueux ;
On n'entend plus que le murmure
Du ruisseau qui coule en ces lieux.

Sois désormais moins diligente,
Belle avant-courière du jour ;
La Volupté douce et tremblante
Fuit et se cache à ton retour.

Tu viens dissiper les mensonges
Qui berçaient les tristes mortels :
Et la foule des jolis songes
S'enfuit devant les maux réels.

Pour nous, réveillons-nous sans cesse,
Et sacrifions à Vénus.
Il vient un temps, ô ma maîtresse,
Où l'on ne se réveille plus. »

Le long du bois quatre toits de feuillage
Sont élevés sur les bords du ruisseau ;
Et le Sommeil, qui se plaît au village,
N'oublia point cet asile nouveau.
L'ombre s'enfuit ; l'amante de Céphale
De la lumière annonçait le retour,
Et, s'appuyant sur les portes du jour,
Laissait tomber le rubis et l'opale.
Les habitans des paisibles hameaux
Se répandaient au loin dans la campagne
La cornemuse éveillait les troupeaux ;
En bondissant les folâtres agneaux
Allaient blanchir le flanc de la montagne ;
De mille oiseaux le ramage éclatant

De ce beau jour saluait la naissance.
Volmon se lève, et Zulmis le devance :
Leurs yeux charmés avec étonnement
A son réveil contemplent la nature.
Ce doux spectacle était nouveau pour eux ;
Et des cités habitans paresseux,
Ils s'étonnaient de fouler la verdure,
A l'instant même où tant d'êtres oisifs,
Pour échapper à l'ennui qui les presse
Sur des carreaux dressés par la Mollesse
Cherchent en vain quelques pavots tardifs.

Reine un moment, déjà la jeune Aurore
Abandonnait l'horizon moins vermeil;
Volny soupire, et détourne sur Laure
Des yeux chargés d'amour et de sommeil.
A ses côtés la belle demi-nue
Dormait encore; une jambe étendue
Semble chercher l'aisance et la fraîcheur,
Et laisse voir ces charmes dont la vue
Est pour l'amant la dernière faveur.
Sur une main sa tête repose;
L'autre s'allonge, et, pendant hors du lit,
A chaque doigt fait descendre une rose
Sa bouche encore et s'entr'ouvre et sourit.
Mais tout-à-coup son paisible visage
S'est coloré d'un vermillon brillant.
Sans doute alors un songe caressant
Des voluptés lui retraçait l'image.
Volny, qui voit son sourire naissant,
Parmi les fleurs qui parfument sa couche
Prend une rose, et, près d'elle à genoux,
Avec lenteur la passe sur sa bouche,
En y joignant le baiser le plus doux.

Pour consacrer la nouvelle journée,

LA JOURNÉE CHAMPÊTRE.

On dut choisir un cantique à l'Amour ;
Il exauça l'oraison fortunée,
Et descendit dans ce riant séjour.
Voici les vers qu'on chantait tour à tour :

« Divinités que je regrette,
Hâtez-vous d'animer ces lieux.
Etres charmans et fabuleux,
Sans vous la nature est muette.

Jeune épouse du vieux Tithon,
Pleure sur la rose naissante ;
Écho, redeviens une amante ;
Soleil, sois encore Apollon.

Tendre Io, paissez la verdure ;
Naïades, habitez ces eaux,
Et de ces modestes ruisseaux,
Ennoblissez la source pure.

Nymphes, courez au fond des bois,
Et craignez les feux du satyre ;
Que Philomèle une autre fois
A Progné conte son martyre.

Renaissez, Amours ingénus ;
Reviens, volage époux de Flore ;
Ressuscitez, Grâces, Vénus ;
Sur des païens régnez encore.
C'est aux champs que l'Amour naquit ;
L'Amour se déplaît à la ville.
Un bocage fut son asile,
Un gazon fut son premier lit ;
Et les bergers et les bergères
Accoururent à son berceau ;
L'azur des cieux devint plus beau ;
Les vents de leurs ailes légères
Osaient à peine raser l'eau ;

Tout se taisait jusqu'à Zéphyre;
Et, dans ce moment enchanteur,
La Nature sembla sourire,
Et rendre hommage à son auteur. »

Zulmis alors ouvre la bergerie,
Et le troupeau qui s'échappe soudain
Court deux à deux sur l'herbe rajeunie.
Volmon le suit, la houlette à la main.
Un peu plus loin Florval et son amanie
Gardent aussi les dociles moutons.
Ils souriaient quand leur bouche ignorante
Sur le pipeau cherchait en vain des sons.
Dans un verger planté par la Nature,
Où tous les fruits mûrissent sans culture,
La jeune Églé porte déjà ses pas.
Quand les rameaux s'éloignent de ses bras,
L'heureux Talcis l'enlève avec mollesse:
Il la soutient, et ses doigts délicats
Vont dégarnir la branche qu'elle abaisse.
A d'autres soins Volny s'est arrêté.
Entre ses mains le lait coule et ruisselle;
Et près de lui son amante fidèle
Durcit ce lait en fromage apprêté.

Aimables soins! travaux doux et faciles!
Vous occupez en donnant le repos;
Biens différens du tumulte des villes,
Où les plaisirs deviennent des travaux.

Le dieu du jour, poursuivant sa carrière,
Règne en tyran sur l'univers soumis.
Son char de feu brûle autant qu'il éclaire,
Et ses rayons, en faisceaux réunis,
D'un pôle à l'autre embrasent l'hémisphère.
Heureux alors, heureux le voyageur
Qui sur sa route aperçoit un bocage

LA JOURNÉE CHAMPÊTRE.

Où le Zéphyr, soupirant la fraîcheur,
Fait tressaillir le mobile feuillage!

Un bassin pur s'étendait sous l'ombrage;
Je vois tomber les jaloux vêtemens,
Qui, dénoués par la main des amans,
Restent épars sur l'herbe du rivage.
Un voile seul s'étend sur les appas :
Mais il les couvre et ne les cache pas.
Des vêtemens tel fut jadis l'usage.
Laure et Talcis, en dépit des chaleurs,
A la prairie ont dérobé ses fleurs,
Et du bassin ils couvrent la surface.
L'onde gémit; tous les bras dépouillés
Glissent déjà sur les flots émaillés,
Et le nageur laisse après lui sa trace.
En vain mes vers voudraient peindre leurs jeux.
Bientôt du corps la toile obéissante
Suit la rondeur et les contours moelleux.
L'amant sourit et dévore des yeux
De mille attraits la forme séduisante,
Lorsque Zulmis s'élança hors du bain,
L'heureux Volmon l'essuya de sa main.
Qu'avec douceur cette main téméraire
Se promenait sur la jeune bergère,
Qui la laissa recommencer trois fois!
Qu'avec transport il pressait sous ses doigts
Et la rondeur d'une cuisse d'ivoire,
Et ce beau sein dont le bouton naissant
Cherche à percer le voile transparent!
Ce doux travail fut long, comme on peut croire;
Mais il finit : bientôt de toutes parts
La Modestie élève des remparts
Entre l'amante et l'amant qui soupire.
Volmon les voit, et je l'entends maudire
Cet art heureux de cacher la laideur,
Qu'on décora du beau nom de pudeur.

Volny s'avance, et prenant la parole :
« Par la chaleur retenus dans ces lieux,
Trompons du moins le temps par quelques jeux,
Par des récits, par un conte frivole.
On sait qu'Hercule aima le jeune Hylas.
Dans ses travaux, dans ses courses pénibles,
Ce bel enfant suivait toujours ses pas ;
Il le prenait dans ses mains invincibles ;
Ses yeux alors se montraient moins terribles ;
Le fer cruel ne couvrait plus son bras ;
Et l'univers, et Vénus, et la gloire,
Étaient déjà bien loin de sa mémoire.
Tous deux un jour arrivent dans un bois
Où la chaleur ne pouvait s'introduire,
En attendant le retour de Zéphyre,
Le voyageur y dormait quelquefois.
Notre héros sur l'herbe fleurissante
Laisse tomber son armure pesante,
Et puis s'allonge et respire le frais,
Tandis qu'Hylas, d'une main diligente,
D'un dîner simple ayant fait les apprêts,
Dans le vallon qui s'étendait auprès
S'en va puiser une eau rafraîchissante.
Il voit de loin un bosquet d'orangers,
Et d'une source il entend le murmure ;
Il court, il vole où cette source pure
Dans un bassin conduit ses flots légers.
De ce bassin les jeunes souveraines
Quittaient alors leurs grottes souterraines ;
Sur le cristal leurs membres déployés
S'entrelaçaient et jouaient avec grâce ;
Ils fendaient l'onde, et leurs jeux variés,
Sans la troubler agitaient sa surface.
Hylas arrive, une cruche à la main,
Ne songeant guère aux Nymphes qui l'admirent ;
Il s'agenouille, il la plonge, et soudain
Au fond des eaux les Naïades l'attirent.

Sous un beau ciel, lorsque la nuit parait,
Avez-vous vu l'étoile étincelante.
Se détacher de sa voûte brillante,
Et dans les flots s'élancer comme un trait?
Dans un verger, sur la fin de l'automne,
Avez-vous vu le fruit, dès qu'il mûrit,
Quitter la branche où long-temps il pendit,
Pour se plonger dans l'onde qui bouillonne?
Soudain il part, et l'œil en vain le suit.
Tel disparait le favori d'Alcide.
Entre leurs bras les Nymphes l'ont reçu;
Et, l'échauffant sur leur sein demi-nu,
L'ont fait entrer dans le palais humide.
Bientôt Hercule, inquiet et troublé,
Accuse Hylas dans son impatience,
Il craint, il tremble, et son cœur désolé
Connait alors le chagrin de l'absence.
Il se relève, il appelle trois fois,
Et par trois fois, comme un souffle insensible,
Du sein des flots sort une faible voix.
Il rentre et court dans la forêt paisible,
Il cherche Hylas; ô tourment du désir!
Le jour déjà commençait à s'enfuir;
Son âme alors s'ouvre toute à la rage;
La terre au loin retentit sous ses pas;
Des pleurs brûlans sillonnent son visage;
Terrible, il crie : Hylas! Hylas! Hylas!
Du fond des bois Écho répond : Hylas!
Et cependant les folâtres déesses
Sur leurs genoux tenaient l'aimable enfant,
Lui prodiguaient les plus douces caresses,
Et rassuraient son cœur toujours tremblant. »

Volny se tut; les naïves bergères
Écoutaient bien, mais ne comprenaient guères.

L'antiquité, si charmante d'ailleurs,

Dans ses plaisirs n'était pas scrupuleuse.
De ses amours la peinture odieuse
Dépare un peu ses écrits enchanteurs.
Lorsque, ennuyé des baisers de sa belle,
Anacréon, dans son égarement,
Porte à Bathyle un encens fait pour elle,
Sa voix afflige et n'a rien de touchant.
Combien de fois, vif et léger Catulle,
En vous lisant je rougissais pour vous!
Combien de fois, voluptueux Tibulle,
J'ai repoussé dans mes justes dégoûts
Ces vers heureux qui devenaient moins doux!
Et vous encore, ô modeste Virgile!
Votre âme simple, et naïve, et tranquille,
A donc connu la fureur de ces goûts?
Pour Cupidon quand vous quittez les Grâces,
Cessez vos chants et rougissez du moins
On suit encor vos leçons efficaces;
Mais, pour les suivre, on prend de justes soins,
Et l'on se cache en marchant sur vos traces.
Vous m'entendez, prêtresses de Lesbos,
Vous, de Sapho disciples renaissantes?
Ah! croyez-moi, retournez à Paphos,
Et choisissez des erreurs plus touchantes.
De votre cœur écoutez mieux la voix;
Ne cherchez point des voluptés nouvelles.
Malgré vos vœux la Nature a ses lois,
Et c'est pour nous que sa main vous fit belles.

Mais revenons à nos premiers plaisirs,
Tournons les yeux sur la troupe amoureuse
Qui dans un bois, réfuge des Zéphirs,
Et qu'arrosait une onde paresseuse,
Vient d'apprêter le rustique repas.
La propreté veillait sur tous les plats.
La jeune Flore, avec ses doigts de rose,

Avait de fleur tapissé le gazon.
Le dieu du vin dans le ruisseau dépose
Ce doux nectar qui trouble la raison.
A son aspect l'appétit se réveille;
Le fruit paraît; de feuilles couronné,
En pyramide il remplit la corbeille;
Et dans l'osier le lait emprisonné
Blanchit auprès de la pêche vermeille.
De ce repas on bannit avec soin
Les froids bons mots toujours prévus de loin,
Les longs détails de l'intrigue nouvelle,
Les calembours si goûtés dans Paris,
Des complimens la routine éternelle,
Et les fadeurs et les demi-souris.
La Liberté n'y voulut introduire
Que les plaisirs en usage à Paphos;
Le Sentiment dictait tous les propos,
Et l'on riait sans projeter de rire.
On termina le festin par des chants.
La voix d'Églé, molle et voluptueuse,
Fit retentir ses timides accens;
Et les soupirs de la flûte amoureuse,
Mêlés aux siens, paraissaient plus touchans.
L'eau qui fuyait, pour la voir et l'entendre,
Comme autrefois n'arrêta point son cours;
Le chêne altier n'en devint pas plus tendre,
Et les rochers n'en étaient pas moins sourds;
Rien ne changea : mais l'oreille attentive
Jusques au cœur transmettait tous ses sons;
En les peignant, sa voix douce et naïve
Faisait germer les tendres passions.
L'heureux Volny, placé vis-à-vis d'elle,
Volny, charmé de sa grâce nouvelle,
Et de ses chants fidèle admirateur,
Applaudissait avec trop de chaleur.
Églé se tait, Volny l'écoute encore,

Et tient fixés ses regards attendris
Sur cette bouche où voltigent les Ris,
Et d'où sortait une voix sonore.
Laure voit tout; que ne voit point l'Amour!
De cet oubli son âme est offensée;
Et pour venger sa vanité blessée,
Elle prétend l'imiter à son tour.
Au seul Talcis elle affecte de prendre
Un intérêt qu'elle ne prenait pas;
Sa voix pour lui voulait devenir tendre;
Ses yeux distraits voulaient suivre ses pas;
Et Quand Volny revint à sa maîtresse,
Un froid accueil affligea sa tendresse.
Il nomme Laure, elle ne l'entend plus;
Il veut parler, on lui répond à peine.
C'en est assez; mille soupçons confus
Ont pénétré dans son âme incertaine.
Amans, amans, voilà votre portrait!
Un sort malin vous promène sans cesse
Des pleurs aux ris, des ris à la tristesse;
Un rien vous choque, un rien vous satisfait;
Un rien détruit ce qu'un rien a fait naître!
Tous vos plaisirs sont voisins d'un tourment,
Et vos tourmens sont des plaisirs peut-être:
Ah! l'on dit vrai, l'Amour n'est qu'un enfant.

Volny rêvait, à sa douleur en proie;
Et ses amis, égayés par le vin,
Remarquaient peu son trouble et son chagrin.
Pour modérer les excès de leur joie,
Zulmis s'assied, et leur fait ce récit,
Amour dictait, Amour me l'a rédit.
« Dans ces beaux lieux où paisible et fidèle
L'heureux Ladon coule parmi les fleurs,
Du dieu de Gnide une jeune immortelle
Fuyait, dit-on, les trompeuses douceurs;

C'était Syrinx. Pan soupira près d'elle,
Et pour ses soins n'obtint que des rigueurs.
Au bord du fleuve, un jour que l'inhumaine
Se promenait au milieu de ses sœurs,
Pan l'aperçoit, et vole dans la plaine,
Bien résolu d'arracher ses faveurs
Que l'Amour donne et ne veut pas qu'on prenne.
A cet aspect, tremblant pour ses appas,
La nymphe fuit, et ses pieds délicats
Sans la blesser glissent sur la verdure.
Déjà la fleur qui formait sa parure
Tombe du front qu'elle crut embellir ;
Et, balancés sur l'aile du Zéphyr,
Ses longs cheveux flottent à l'aventure.
Tremblez, Syrinx : vos charmes demi-nus
Vont se faner sous une main profane,
Et vous allez des autels de Diane
Passer enfin aux autels de Vénus.
Dieu de ces bords, sauve-moi d'un outrage !
Elle avait dit ; sur l'humide rivage
Son pied léger s'arrête et ne fuit plus ;
Au fond des eaux l'un et l'autre se plongent ;
Sa voix expire ; et dans l'air étendus
Déjà ses bras en feuilles se prolongent ;
Son sein caché sous un voile nouveau
Palpite encore en changeant de nature ;
Ses cheveux noirs se couvrent de verdure ;
Et sur son corps qui s'effile en roseau
Les nœuds pareils, arrondis en anneau,
Des membres nus laissent voir la jointure.
Le dieu, saisi d'une soudaine horreur,
S'est arrêté ; sous la feuille tremblante
Ses yeux séduits et trompés par son cœur
Cherchent encore sa fugitive amante.
Mais tout-à-coup le Zéphyre empressé
Vient se poser sur la tige naissante,

8.

Et par ses jeux le roseau balancé.
Forme dans l'air une plainte mourante.
Ah! dit le dieu, ce soupir est pour moi;
Trop tard, hélas! son cœur devient sensible.
Nymphe chérie et toujours inflexible
J'aurai du moins ce qui reste de toi.
Parlant ainsi, du roseau qu'il embrasse
Ses doigts tremblans détachent les tuyaux;
Il les polit, et la cire tenace
Unit entre eux les différens morceaux.
Bientôt sept trous de largeur inégale
Des tons divers ont fixé l'intervalle.
Sa bouche alors s'y colle avec ardeur:
Des sons nouveaux l'heureuse mélodie,
De ses soupirs imitant la douceur,
Retentissait dans son âme attendrie.
Reste adoré de ce que j'aimais tant,
S'écria-t-il, résonne dans ces plaines;
Soir et matin tu rediras mes peines,
Et des amours tu seras l'instrument. »
« Je le vois trop, reprit la jeune Laure,
On ne saurait commander aux Amours.
Apollon même et tous ses beaux discours
Ne touchent point la Nymphe qu'il adore.
Non, dit Florval, et sur le Pinde encore
Ses nourrissons, de lauriers couronnés,
Trouvent souvent de nouvelles Daphnés.
La Vanité sourit à leur hommage;
On leur prodigue un éloge flatteur;
Mais rarement de l'amour de l'ouvrage
La beauté passe à l'amour de l'auteur.

 Lorsque Sapho prenait sa lyre,
  Et lui confiait ses douleurs,
  Tous les yeux répandaient des pleurs,
 Tous les cœurs sentaient son martyre.
 Mais ses chants aimés d'Apollon,

Ses chants heureux, pleins de sa flamme
Et du désordre de son âme,
Ne pouvaient attendrir Phaon.
Gallus, dont la muse touchante
Peignait si bien la volupté,
Gallus n'en fut pas moins quitté;
Et sa Lycoris inconstante
Suivit, en dépit des hivers,
Un soldat robuste et sauvage
Qui faisait de moins jolis vers,
Et n'en plaisait que mieux, je gage.
Pétrarque (à ce mot un soupir
Échappe à tous les cœurs sensibles),
Pétrarque, dont les chants flexibles
Inspiraient partout le plaisir,
N'inspira jamais rien à Laure;
Elle fut sourde à ses accens;
Et Vaucluse répète encore
Sa plainte et ses gémissemens.
Waller soupira pour sa belle
Les sons les plus mélodieux;
Il parlait la langue des dieux,
Et Sacharissa fut cruelle.

Ainsi ces peintres enchanteurs
Qui des Amours tiennent l'école
De l'Amour qui fut leur idole
N'éprouvèrent que les rigueurs.
Mais leur voix touchante et sonore
S'est fait entendre à l'univers;
Les Grâces ont appris leurs vers,
Et Paphos les redit encore.
Leurs peines, leurs chagrins d'un jour
Laissent une longue mémoire;
Et leur muse, en cherchant l'Amour,
« A du moins rencontré la Gloire. »

Florval ainsi critique les erreurs
Dont il ne peut garantir sa jeunesse :
Car trop souvent aux rives du Permesse
Pour le laurier il néglige les fleurs.

De ces récits l'enchaînement paisible
Du triste amant redoublait le chagrin ;
Il observait un silence pénible.
De sa maîtresse il se rapproche enfin :
« Rassurez-vous ; je vais par mon absence
Favoriser vos innocens projets.
— Il n'est plus temps d'éviter ma présence ;
J'ai pénétré vos sentimens secrets.
— Un autre plaît, et Laure est infidèle.
— A vos regards une autre est la plus belle.
— En lui parlant vous avez soupiré.
— Vous l'écoutiez, et vous n'écoutiez qu'elle.
— Aimez en paix ce rival adoré.
— Soyez heureux dans votre amour nouvelle.
— Oubliez-moi. — Je vous imiterai. »
Volny s'éloigne, et pour cacher ses larmes
Du bois voisin il cherche l'épaisseur.
Laure en gémit ; les plus vives alarmes
Vont la punir d'un moment de rigueur.
La Vanité se trouvant satisfaite,
Bientôt l'amour parle en maître à son cœur ;
Elle maudit sa colère indiscrète,
S'accuse seule, et cache de sa main
Les pleurs naissans qui mouillent son beau sein.

Le regard morne et fixé sur la terre,
Volny déjà, seul avec son ennui,
Était entré dans la même chaumière
Que sa maîtresse habitait avec lui.
Faible, il s'assied sur ce lit de feuillage
Si bien connu par un plus doux usage.

Là tout-à-coup, au milieu des sanglots,
Son cœur trop plein s'ouvre, et laisse un passage
A la douleur qui s'exhale en ces mots :
« Ah ! je lirais d'un œil sec et tranquille
De mon trépas l'arrêt inattendu;
Mais je succombe à ce coup imprévu,
Et sous son poids je demeure immobile.
Oui, pour jamais je renonce aux Amours,
A l'Amitié cent fois plus criminelle,
Et dans un bois cachant mes tristes jours,
Je haïrai ; la haine est moins cruelle. »
Tous ses amis entrent dans ce moment.
Le cœur rempli de crainte et d'espérance,
Laure suivait; elle voit son amant,
Et dans ses bras soudain elle s'élance.
L'ingrat Volny, pressé de toutes parts,
Ne voulut point se retourner vers Laure;
Il savait trop qu'un seul de ses regards
Eût obtenu ce pardon qu'elle implore.
« Ah ! dans tes yeux mets au moins tes refus.
— Je suis trahi, non, vous ne m'aimez plus. »
Sa main alors repousse cette amante
Qui d'un seul mot attendait son bonheur;
Mais aussitôt condamnant sa rigueur,
Il se retourne et la voit expirante.
A cet aspect quelle fut sa douleur!
Il la saisit, dans ses bras il la presse,
Étend ses doigts pour réchauffer son cœur,
Lui parle en vain, la nomme sa maîtresse,
Et de baisers la couvre avec ardeur.
De ces baisers l'amoureuse chaleur
Rappelle enfin la bergère à la vie;
Elle renaît, et se voit dans ses bras.
Quel doux moment! son âme trop ravie
Retourne encore aux portes du trépas;
Mais son ami par de vives caresses

Lui rend encor l'usage de ses sens.
Qui peut compter leurs nouvelles promesses,
Leurs doux regrets, leurs transports renaissans?
Chaque témoin en devint plus fidèle.
Églé surtout regardait son amant,
Et soupirait après une querelle,
Pour le plaisir du raccommodement.

La troupe sort, et chacun dans la plaine
S'en va tresser des guirlandes de fleurs.
Avec plus d'art mariant les couleurs,
Déjà Talcis avait fini la sienne;
Quand sa maîtresse, épiant le moment,
D'entre ses doigts l'arrache adroitement.
La jette au loin, sourit, et prend la fuite;
Puis en arrière elle tourne des yeux
Qui lui disaient : Viens donc à ma poursuite.
Il la comprit, et n'en courait que mieux.
Mais un faux pas fit tomber la bergère,
Et du zéphyr le souffle téméraire
Vint dévoiler ce qu'on voile si bien.
On vit, Églé!.... mais non, l'on ne vit rien;
Car ton amant, réparant toutes choses,
Jeta sur toi des fleurs à pleines mains,
Et dans l'instant tous ces charmes divins
Furent cachés sous un monceau de roses.
De ses deux bras le berger qui sourit
Entoure Églé pour mieux cacher sa honte;
Et ce faux pas rappelle à son esprit
Ce récit court, et qui n'est point un conte.

« Symbole heureux de la candeur,
Jadis plus modeste et moins belle,
Du lis qui naissait auprès d'elle
La rose eut, dit-on, la blancheur.
Elle était alors sans épine,

C'est un fait. Écoutez comment
Lui vint la couleur purpurine :
J'aurai conté dans un moment.

Dans ce siècle de l'innocence
Où les dieux un peu plus humains,
Regardaient avec complaisance
L'univers sortant de leurs mains,
Où l'homme sans aucune étude
Savait tout ce qu'il faut savoir,
Où l'amour était un devoir,
Et le plaisir une habitude,
Au temps où Saturne régna,
Une belle au matin de l'âge,
Une seule, notez cela,
Fut cruelle, malgré l'usage.
L'histoire ne dit pas pourquoi ;
Mais elle avait rêvé, je gage,
Et crut après de bonne foi,
Qu'être vierge c'est être sage.
Je ne veux point vous raconter
Par quel art l'enfant de Cythère
Conduisit la simple bergère
A ce pas si doux à sauter :
Dans une aventure amoureuse,
Pour le conteur et pour l'amant
Toute préface est ennuyeuse,
Venons bien vite au dénoûment.
Elle y vint donc, et la verdure
Reçut ses charmes faits au tour
Qu'avait arrondis la Nature
Exprès pour les doigts de l'Amour.
Alors une bouche brûlante
Effleure et rebaise à loisir
Ces appas voués au plaisir,
Mais qu'une volupté naissante

N'avait jamais fait tressaillir.
La pudeur voit, et prend la fuite;
Le berger fait ce qu'il lui plaît;
La bergère tout interdite.
Ne conçoit rien à ce qu'il fait :
Il saisit sa timide proie;
Elle redoute son bonheur,
Et commence un cri de douleur
Qui se termine en cris de joie.

Cependant du gazon naissant
Que foulait le couple folâtre,
Une rose était l'ornement :
Une goutte du plus beau sang
Rougit tout-à-coup son albâtre.
Dans un coin le fripon d'Amour
S'applaudissait de sa victoire,
Et voulant de cet heureux jour
Laisser parmi nous la mémoire :
« Conserve à jamais ta couleur,
Dit-il à la rose nouvelle;
De tes sœurs deviens la plus belle ;
D'Hébé sois désormais la fleur;
Ne crois qu'au mois où la nature
Renaît au souffle du printemps,
Et d'une beauté de quinze ans
Sois le symbole et la peinture.
Ne te laisse donc plus cueillir
Sans faire éprouver ton épine ;
Et qu'en te voyant on devine
Qu'il faut acheter le plaisir. »

Ce récit n'est point mon ouvrage,
Et mes yeux l'ont lu dans Paphos
A mon dernier pèlerinage.
En apostille étaient ces mots :

LA JOURNÉE CHAMPÊTRE.

Tendres amans, si d'aventure
Vous trouvez un bouton naissant,
Cueillez; le bouton en s'ouvrant
Vous guérira de la piqûre. »

Florval alors s'assied contre un ormeau.
Sur ses genoux ses deux mains rapprochées
Tiennent d'Églé les paupières cachées,
Et de son front portent le doux fardeau.
Tous à la fois entourent la bergère
Qui leur présente une main faite au tour,
Et les invite à frapper tour-à-tour.
Naïs approche et frappe la première.
Pour mieux tromper, elle écarte les doigts,
Et sur le coup fortement elle appuie.
La main d'albâtre en fut un peu rougie.
Églé se tourne, examine trois fois,
Et sur Volmon laisse tomber son choix.
— Ce n'est pas lui; replacez-vous encore.
Elle obéit, et soudain son amant
Avec deux doigts la touche obliquement.
— Oh! pour le coup, j'ai bien reconnu Laure.
— Vous vous trompez, lui dit-on sur-le-champ,
Et l'on sourit de sa plainte naïve.
Déjà Zulmis lève une main furtive;
Mais le joueur, moins juste que galant,
Ouvre ses doigts, et permet à la belle
De l'entrevoir du coin de la prunelle.
Cette fois donc Églé devine enfin.
L'autre à son tour prend la place, et soudain
Sur ses beaux doigts qui viennent de s'étendre
Est déposé le baiser le plus tendre.
Oh! c'est Volmon, je le reconnais là.
Volmon se tut, mais son souris parla.
Sur le gazon la troupe dispersée
Goûtait le frais qui tombait des rameaux.

Volmon rêvait à des plaisirs nouveaux,
Et ce discours dévoila sa pensée :

« L'histoire dit qu'à la cour de Cypris
On célébrait une fête annuelle,
Où du baiser l'on disputait le prix.
On choisissait des belles la plus belle,
Jeune toujours, et n'ayant point d'amant.
Devant l'autel sa main prêtait serment ;
Puis sous un dais de myrte et de feuillage
Des combattans elle animait l'ardeur,
Et dans ses doigts elle tenait la fleur
Qui du succès devait être le gage.
Tous les rivaux inquiets et jaloux,
Formant des vœux, arrivaient à la file ;
Devant leur juge ils ployaient les genoux ;
Et chacun d'eux sur sa bouche docile
De ses baisers imprimait le plus doux.
Heureux celui dont la lèvre brûlante
Plus mollement avait su se poser !
Heureux celui dont le simple baiser
Du tendre juge avait fait une amante !
Soudain sur lui les regards se fixaient,
Et tous peignaient le désir et l'envie ;
A ses côtés les fleurs tombaient en pluie ;
Les cris joyeux qui dans l'air s'élançaient
Le faisaient roi de l'amoureux empire ;
Son nom chéri, mille fois répété,
De bouche en bouche était bientôt porté,
Et chaque belle aimait à le redire.
Le lendemain, les filles à leur tour
Recommençaient le combat de la veille.
Que de baisers prodigués en ce jour !
L'heureux vainqueur sur sa bouche vermeille
De ses baisers comparait la douceur ;
Plusieurs d'entre eux surpassaient son attente ;

LA JOURNÉE CHAMPÊTRE.

Ses yeux remplis d'une flamme mourante
Laissaient alors deviner son bonheur;
Ses sens noyés dans une longue ivresse
Sous le plaisir languissaient abattus :
Aussi le soir sa bouche avec mollesse
S'ouvrait encore, et ne se fermait plus.

Renouvelons la fête de Cythère;
De nos baisers essayons le pouvoir;
Dans l'art heureux de jouir et de plaire
On a toujours quelque chose à savoir. ».

« Non, dit Églé, ce galant badinage
Ne convient plus dès qu'on a fait un choix;
Le tendre Amour ne veut point de partage;
Et tout ou rien est une de ses lois. »

Zéphyre alors commençant à renaître,
Vient modérer les feux brûlans du jour;
Chacun retourne à son travail champêtre;
Disons plutôt à celui de l'amour.
Bois favorable, et qui jamais peut-être
N'avais prêté ton ombre à des heureux,
Tu fus alors consacré par leurs jeux.
Couché sur l'herbe entre les bras de Laure,
Volny mourait et renaissait encore;
Et sous ses doigts la pointe du couteau
Grava ces vers sur le plus bel ormeau :
   « Vous, qui venez dans ce bocage,
    A mes rameaux qui vont fleurir
   Gardez-vous bien de faire outrage,

   Respectez mon jeune feuillage;
   Il a protégé le plaisir. ».
Un lit de fleurs s'étendait sous l'ombrage;
Ce peu de mots en expliquait l'usage :
   « Confident de mon ardeur,

Bosquet, temple du bonheur,
Sois toujours tranquille et sombre :
Et puisse souvent ton ombre
Cacher aux yeux des jaloux
Une maîtresse aussi belle,
Un amant aussi fidèle,
Et des plaisirs aussi doux ! »

De ses rayons précipitant le reste,
Phébus touchait aux bornes de son cours,
Et s'en allait dans le sein des Amours
Se consoler de la grandeur céleste;
Son disque d'or qui rougit l'horizon
Ne se voit plus qu'à travers le feuillage;
Et du coteau s'éloignant davantage,
L'ombre s'allonge et court dans le vallon.
Enfin la troupe au château retournée
De la cité prend le chemin poudreux;
Mais tous les ans elle vient dans ces lieux
Renouveler la champêtre journée.

ÉPILOGUE.

C'était ainsi que ma muse autrefois,
Fuyant la ville et cherchant la nature,
De l'âge d'or retraçait la peinture,
Et s'égarait sous l'ombrage des bois.
Pour y chanter, je reprenais encore
Ce luth facile, oublié de nos jours,
Et qui jadis dans la main des Amours
Fit résonner le nom d'Éléonore.
Mon cœur naïf, mon cœur simple et trompé,
N'ayant alors que les goûts de l'enfance,
A tous les cœurs prêtait son innocence.
Ce rêve heureux s'est bientôt dissipé.
D'un doigt léger pour moi la Parque file

Depuis vingt ans de cinq autres suivis ;
La Raison vient, j'entrevois les Ennuis
Qui sur ses pas arrivent à la file.
Mes plus beaux jours sont donc évanouis !
Illusions, qui trompez la jeunesse,
Amours naïfs, transports, première ivresse,
Ah ! revenez. Mais hélas! je vous perds ;
Et sur le luth mes mains appesanties
Veulent enfin former de nouveaux airs.
Il n'est qu'un temps pour les douces folies ;
Il n'est qu'un temps pour les aimables vers.

LES FLEURS.

Vous trompiez donc un amant empressé,
Et c'est en vain que vous m'aviez laissé
D'un prompt retour l'espérance flatteuse?
De nouveaux soins vous fixent dans vos bois.
De cette absence, hélas! trop douloureuse,
Vos écrits seuls me consolent parfois :
Je les relis, c'est ma plus douce étude.
N'en doutez point, dès les premiers beaux jours
Porté soudain sur l'aile des Amours,
Je paraîtrai dans votre solitude.
Seule et tranquille à l'ombre des berceaux,
Vous me vantez les charmes du repos,
Et les douceurs d'une sage mollesse;
Vous les goûtez; aussi votre paresse
Du soin des fleurs s'occupe uniquement.
Ce doux travail plairait à votre amant;
Flore est si belle, et surtout au village !
Fixez chez vous cette beauté volage.
Mais ses faveurs ne se donnent jamais;
Achetez donc, et payez ses bienfaits.
Des Aquilons connaissez l'influence,
Et de Phœbé méprisez la puissance.
On vit jadis nos timides aïeux
L'interroger d'un regard curieux;
Mais aujourd'hui la sage Expérience
A détrompé le crédule mortel.
Sur nos jardins Phœbé n'a plus d'empire.
De son rival l'empire est plus réel :
C'est par lui seul que tout vit et respire;
Et le parterre où vont naître vos fleurs
Doit recevoir ses rayons créateurs.

LES FLEURS.

Du triste hiver Flore craint la présence ;
C'est au printemps que son règne commence.
Voyez-vous naître un jour calme et serein ?
Semez alors, et soyez attentive ;
Car du Zéphir le souffle à votre main
Peut dérober la graine fugitive.
De sa bonté l'eau doit vous assurer.
En la noyant, celle qui, trop légère,
Dans le cristal ne pourra pénétrer,
Sans y germer, vieillirait sous la terre.

L'ognon préfère un sol épais et gras ;
Un sol léger suffit à la semence ;
Confiez-lui votre douce espérance,
Et de vos fleurs les germes délicats.
Mais n'allez point sur la graine étouffée
Accumuler un trop pesant fardeau ;
Et, sans tarder, arrosez-la d'une eau
Par le soleil constamment échauffée.
Craignez surtout que l'onde en un moment
N'entraîne au loin la graine submergée.
Pour l'arrêter qu'une paille allongée
D'un nouveau toit la couvre également.
Par ce moyen vous pourrez aisément
Tromper l'effort des Aquilons rapides,
Et de l'oiseau les recherches avides.

N'osez jamais d'une indiscrète main
Toucher la fleur, ni profaner le sein
Que chaque aurore humecte de ses larmes :
Le doigt ternit la fraîcheur de ses charmes,
Et leur fait perdre un tendre velouté,
Signe chéri de la virginité.
Au souffle heureux du jeune époux de Flore
Le bouton frais s'empressera d'éclore,
Et d'exhaler ses plus douces odeurs :

Zéphyre seul doit caresser les fleurs.
Le tendre amant embellit ce qu'il touche.
Témoin ce jour où le premier baiser
Fut tout-à-coup déposé sur ta bouche.
Un feu qu'en vain tu voulais apaiser
Te colora d'une rougeur nouvelle;
Mes yeux jamais ne te virent si belle.
Mais qu'ai-je dit? devrais-je à mes leçons
Des voluptés entremêler l'image?
Réservons la pour de simples chansons,
Et que mon vers désormais soit plus sage.

De chaque fleur connaissez les besoins.
Il est des plants dont la délicatesse
De jour en jour exige plus de soins.
Aux vents cruels dérobez leur faiblesse;
Un froid léger leur donnerait la mort.
Qu'un mur épais les défende du nord;
Et de terreau qu'une couche dressée
Sous cet abri soit pour eux engraissée.
Obtenez-leur les regards bienfaisans
Du dieu chéri qui verse la lumière.
J'aime surtout que ses rayons naissans
Tombent sur eux; mais par un toit de verre
De ses rayons modérez la chaleur;
Un seul suffit pour dessécher la fleur.
Dans ces prisons retenez son enfance,
Jusqu'au moment de son adolescence.
Quand vous verrez la tige s'élever,
Et se couvrir d'une feuille nouvelle!
Permettez-lui quelquefois de braver
Les Aquilons moins à craindre pour elle.
Mais couvrez-la quand le soleil s'enfuit.
Craignez toujours le souffle de la nuit,
Et les vapeurs de la terre exhalées;
Craignez le froid tout-à-coup reproduit,

Et du prinptemps les tardives gelées.

Malgré ces soins, parfois l'on voit jaunir
Des jeunes fleurs la tige languissante.
Un mal secret sans doute la tourmente ;
La mort va suivre, il faut la prévenir.
D'un doigt prudent découvrez la racine ;
De sa langueur recherchez l'origine ;
Et, sans pitié, coupez avec le fer
L'endroit malade ou blessé par le ver.
De cette fleur l'enfance passagère
De notre enfance est le vivant tableau.
J'y vois les soins qu'un fils coûte à sa mère,
Et les dangers qui souvent du berceau
Le font passer dans la nuit du tombeau.
Mais quelquefois la plus sage culture
Ne peut changer ce qu'a fait la Nature,
Ni triompher d'un vice enraciné.
Ce fils ingrat, en avançant en âge,
Trompe souvent l'espoir qu'il a donné ;
Ou, par la mort tout-à-coup moissonné,
Avant le temps il voit le noir rivage.
Souvent aussi l'objet de votre amour,
La tendre fleur se flétrit sans retour.
Parfois les flots versés pendant l'orage
Dans vos jardins porteront le ravage,
Et sans pitié l'Aquilon furieux
Renversera leur trésor à vos yeux.
Mais quand d'Iris l'écharpe colorée
S'arrondira sous la voûte des cieux,
Quand vous verrez près de Flore éplorée
Le papillon recommencer ses jeux,
Sur leurs besoins interrogez vos plantes,
Et réparez le ravage des eaux.
Avec un fil, sur de légers rameaux,
Vous soutiendrez leurs tiges chancelantes.

Ces nouveaux soins, partagés avec vous,
Amuseront mon oisive paresse.
Mais ces travaux, ô ma jeune maîtresse,
Seront mêlés à des travaux plus doux.
Vous m'entendez, et rougissez peut-être.
Le jour approche où nos jeux vont renaître.
Hâtez ce jour désiré si long-temps,
Dieu du repos, dieu des plaisirs tranquilles,
Dieu méconnu dans l'enceinte des villes;
Fixez enfin mes désirs inconstans,
Et terminez ma recherche imprudente.
Pour être heureux, il ne faut qu'une amante,
L'ombre des bois, les fleurs et le printemps.
Printemps chéri, doux matin de l'année,
Console-nous de l'ennui des hivers;
Reviens enfin, et Flore emprisonnée
Va de nouveau s'élever dans les airs.
Qu'avec plaisir je compte tes richesses!
Que ta présence a de charmes pour moi!
Puissent mes vers, aimables comme toi,
En les chantant te payer tes largesses!
Déjà Zéphyre annonce ton retour.
De ce retour modeste avant-courière,
Sur le gazon la tendre primevère
S'ouvre, et jaunit dès le premier beau jour.
A ses côtés la blanche pâquerette
Fleurit sous l'herbe, et craint de s'élever.
Vous vous cachez, timide violette;
Mais c'est en vain; le doigt sait vous trouver;
Il vous arrache à l'obscure retraite
Qui recèlait vos appas inconnus;
Et destinée aux boudoirs de Cythère,
Vous renaissez sur un trône de verre,
Ou vous mourez sur le sein de Vénus.

L'Inde autrefois nous donna l'anémone,

De nos jardins ornement printannier.
Que tous les ans, au retour de l'automne,
Un sol nouveau remplace le premier,
Et tous les ans la fleur reconnaissante
Reparaîtra plus belle et plus brillante.
Elle naquit des larmes que jadis
Sur un amant Vénus a répandues.
Larmes d'amour, vous n'êtes point perdues ;
Dans cette fleur je revois Adonis.

Dans la jacinthe un bel enfant respire ;
J'y reconnais le fils de Piérus :
Il cherche encor les regards de Phébus ;
Il craint encor le souffle de Zéphyre.

Des feux du jour évitant la chaleur,
Ici fleurit l'infortuné Narcisse.
Il a toujours conservé la pâleur
Que sur ses traits répandit la douleur :
Il aime l'ombre à ses ennuis propice ;
Mais il craint l'eau qui causa son malheur.

N'oubliez pas la brillante auricule ;
Soignez aussi la riche renoncule,
Et la tulipe, honneur de nos jardins :
Si leurs parfums répondaient à leurs charmes,
La rose alors, prévoyant nos dédains,
Pour son empire aurait quelques alarmes.
Que la houlette enlève leurs ognons
Vers le déclin de la troisième année ;
Puis détachez les nouveaux rejetons
Dont vous verrez la tige environnée ;
Ces rejetons fleuriront à leur tour ;
Donnez vos soins à leur timide enfance ;
De vos jardins elle fait l'espérance,
Et vos bienfaits seront payés un jour.

Voyez ici la jalouse Clytie
Durant la nuit se pencher tristement,
Puis relever sa tête appesantie
Pour regarder son infidèle amant.
Le lis, plus noble et plus brillant encore,
Lève sans crainte un front majestueux ;
Roi des jardins, ce favori de Flore
Charme à la fois l'odorat et les yeux.
Mais quelques fleurs chérissent l'esclavage,
L'humble genêt, le jasmin plus aimé,
Le chèvre-feuille, et le pois parfumé,
Cherchent toujours à couvrir un treillage.
Le jonc pliant sur ces appuis nouveaux
Doit enchaîner leurs flexibles rameaux.

L'iris demande un abri solitaire ;
L'ombre entretient sa fraîcheur passagère.
Le tendre œillet est faible et délicat ;
Veillez sur lui ; que sa fleur élargie
Sur le carton soit en voûte arrondie.
Coupez les jets autour de lui pressés ;
N'en laissez qu'un ; la tige en est plus belle.
Ces autres brins, dans la terre enfoncés,
Vous donneront une tige nouvelle ;
Et quelque jour ces rejetons naissans
Remplaceront leurs pères vieillissans.

Aimables fruits des larmes de l'Aurore,
De votre nom j'embellirais mes vers ;
Mais quels parfums s'exhalent dans les airs ?
Disparaissez, les roses vont éclore.

Lorsque Vénus, sortant du sein des mers,
Sourit aux dieux charmés de sa présence,
Un nouveau jour éclaira l'univers :
Dans ce moment la rose prit naissance.

LES FLEURS.

D'un jeune lis elle avait la blancheur;
Mais aussitôt le père de la treille
De ce nectar dont il fut l'inventeur
Laissa tomber une goutte vermeille,
Et pour toujours il changea sa couleur :
De Cythérée elle est la fleur chérie,
Et de Paphos elle orne les bosquets;
Sa douce odeur, aux célestes banquets,
Fait oublier celle de l'ambroisie;
Son vermillon doit parer la Beauté;
C'est le seul fard que met la Volupté;
A cette bouche où le sourire joue
Son coloris prête un charme divin;
Elle se mêle aux lis d'un joli sein;
De la Pudeur elle couvre la joue;
Et de l'Aurore elle rougit la main.

Cultivez-la cette rose si belle;
Vos plus doux soins doivent être pour elle.
Que le ciseau dirigé par vos doigts
Légèrement la blesse quelquefois.
Noyez souvent ses racines dans l'onde.
Des plants divers faisant un heureux choix,
Préférez ceux dont la tige féconde
Renaît sans cesse, et fleurit tous les mois.
Songez surtout à ce bosquet tranquille
Où notre amour fuyait les importuns;
Conservez-lui son ombre et ses parfums :
A mes desseins il est encore utile.
Ce doux espoir, dans mon cœur attristé,
Vient se mêler aux chagrins de l'absence.
Ah! mes ennuis sont en réalité,
Et mon bonheur est tout en espérance!

JAMSEL,

ANECDOTE HISTORIQUE.

Jeune, sensible, et né pour les vertus,
Jamsel aimait comme on n'aime plus,
Et d'Euphrosine il fixa la tendresse.
D'un prompt hymen ils nourrissaient l'espoir,
Et chaque jour ils pouvaient se revoir.
Seuls une fois, dans un instant d'ivresse,
Troublés tous deux, éperdus, entraînés,
Par le bonheur ils se sont enchaînés.
Ton souvenir fera couler des larmes,
Premier baiser, délice d'un moment,
Et dans leur cœur où pénètrent tes charmes
Tu laisseras un long embrasement!
Souvent leur bouche implora l'hyménée:
Mais sans pitié l'on repoussa leurs vœux,
Belle Euphrosine, une mère obstinée,
Pour enrichir un fils ambitieux,
T'avait d'avance au cloître condamnée.
Les lois voyaient et n'osaient prévenir
Ces attentats; il fallut obéir.
De son amant à jamais séparée,
Dans ces tombeaux creusés au nom du ciel
Vivante encore elle fut enterrée,
Tomba sans force aux marches de l'autel,
Et prononça son malheur éternel.
A son ami plongé dans la tristesse
Le monde en vain offrait tous les secours,
Tous les plaisirs que cherche la jeunesse,
Les jeux, les arts, de nouvelles amours:
Rien ne distrait sa morne inquiétude;
Pour lui le monde est une solitude.

Moins misérable on peint le voyageur
Sur des rochers poussé par le naufrage :
Privé des siens, seul dans ce lieu sauvage,
Il s'épouvante et pâlit de frayeur ;
Des pas de l'homme il cherche et craint la trace,
Et sur le roc il monte avec effort ;
Il ne voit rien, n'entend rien ; tout est mort ;
Silence affreux ! d'effroi son cœur se glace ;
Vers le rivage il revient promptement ;
Son œil encor parcourt avidement
Des flots calmés la lointaine surface ;
Mais le rivage et les flots sont déserts,
Et ses longs cris se perdent dans les airs.

Jamsel enfin en pleurant se rappelle
Qu'un tendre père et qu'un ami fidèle,
Sacrifiés jusqu'alors à l'amour,
Depuis long-temps demandent son retour.
« J'irai, dit-il ; peut-être que leur vue
Adoucira le poison qui me tue ;
De ma faiblesse ils seront le soutien,
Et dans leur cœur j'épancherai le mien,
Comme un torrent au lugubre murmure,
Qui, tout-à-coup enflé par l'aquilon,
Dans le bassin où dort une onde pure
Va de ses flots verser le noir limon. »
Jamsel retourne aux lieux qui l'ont vu naître.
Il croit en vain dans ce séjour champêtre
Calmer son âme, et respirer la paix.
La solitude augmente ses regrets.
Ni le printemps, ni les parfums de Flore,
Ni la douceur du baiser paternel,
Ni l'amitié plus consolante encore,
Rien n'effaçait un souvenir cruel.
Un noir chagrin lentement le dévore.
De temps en temps son orgueil abattu

Se relevait honteux de sa faiblesse,
Dans les écrits où parle la sagesse
Il veut puiser la force et la vertu.
Hélas! son œil en parcourait les pages;
Mais son esprit inattentif, errant,
Volait ailleurs, et de tendres images
Le replongeaient dans un trouble plus grand.
Si quelquefois un ami lui rappelle
De ses aïeux le rang et la valeur,
Aux mots sacrés de patrie et d'honneur
Il se réveille; une fierté nouvelle
Dans ses regards remplace la langueur,
Et peint son front d'une heureuse rougeur.
D'un joug honteux ce moment le délivre,
Il a vaincu sans doute, et va revivre
Pour l'honneur seul? Non, ce noble transport
De sa faiblesse est le dernier effort;
Et l'amitié, qui ne peut se résoudre
A délaisser l'insensé qui la fuit
Voit succéder le silence et la nuit
A cet éclair qui promettait la foudre.
Se trouve-t-il dans un cercle nombreux?
Seul il conserve un air morne et farouche;
Des mots sans suite échappent de sa bouche,
Entrecoupés de soupirs douloureux.
Les entretiens l'obsèdent; rien ne frappe
Ses yeux distraits; sans voix, et sans couleur,
Long-temps il garde un silence rêveur;
Puis tout-à-coup il frissonne, il s'échappe,
Et va des bois chercher la profondeur.
Infortuné! si l'amour t'abandonne,
D'autres plaisirs peuvent te consoler.
Vois-tu les fleurs dont l'arbre se couronne?
Sur ces prés verts vois-tu l'onde couler?
Des vastes champs observe la culture,
Du jeune pâtre écoute les chansons,

Suis la vendange et les riches moissons ;
Homme égaré, reviens à la nature.
Mais la nature est muette à ses yeux.
Aux prés fleuris sa tristesse préfère
Un sol aride, un rocher solitaire,
Et des cyprès le deuil silencieux.
L'ombre survient ; la lune renaissante
Lui prête en vain sa lueur bienfaisante
Pour retourner au toit accoutumé ;
Sur le rocher pensif il se promène ;
Puis sur la pierre il s'étend avec peine,
Pâle, sans force, et d'amour consumé.
Si du sommeil la douceur étrangère
Vient un moment assoupir ses douleurs,
Un songe affreux le saisit, et des pleurs,
Des pleurs brûlans entr'ouvrent sa paupière.
Le jour paraît, il déteste le jour ;
La nuit revient, il maudit son retour.
« J'ai tout perdu, tout, jusqu'à l'espérance,
Dit-il enfin ; pleurer, voilà mon sort.
Oh, malheureux ! à ma longue souffrance
Je ne vois plus de terme que la mort.
Pourquoi l'attendre ? y courir, est-ce un crime ?
Non, sur mes jours, mon droit est légitime.
Faible sophiste, insensé discoureur,
Peux-tu défendre au triste voyageur,
Qu'un ciel brûlant dessèche dans la plaine,
De chercher l'ombre et la forêt prochaine ?
Qu'un soldat reste au poste désigné ;
Sa main tranquille a signé l'esclavage
Et de ses droits il a vendu l'usage ;
Moi, je suis libre, et je n'ai rien signé ;
Mourons. » Il dit, et sa main intrépide,
Sans hésiter, prend le tube homicide ;
Le plomb s'échappe et finit ses tourmens.
Son ami vient ; ô douloureux momens !

Mais de son cœur étouffant le murmure,
D'un blanc mouchoir il couvre la blessure.
Soin superflu! Jamsel, en soupirant,
Sur cet ami soulève un œil mourant
Qui se referme, et d'une voix éteinte :
« Je meurs, dit-il, sans remords et sans crainte.
Assez long-temps j'ai supporté le jour.
Pardonne-moi; je ne pouvais plus vivre.
Donne à l'objet de mon funeste amour
Ce voile teint d'un sang.... » Il veut poursuivre;
Sa bouche à peine exhale un son confus :
Chère Euphrosine! il soupire, et n'est plus.

Loin de ces lieux, sa malheureuse amie,
Que fatiguait le fardeau de la vie,
Au ciel en vain se plaignait de son sort,
Et demandait le repos ou la mort.
De ses chagrins son air trahit la cause.
Ce n'était plus la beauté dans sa fleur.
Les longs ennuis, l'amour, et la langueur,
Sur son visage avaient pâli la rose :
En la peignant, on eût peint la douleur.
De sa tristesse on ose faire un crime.
Loin de la plaindre, on hâte le moment
Où du malheur cette faible victime
Dans le trépas rejoindra son amant.
Entre ses mains un messager fidèle
Vient déposer le voile ensanglanté.
Elle frissonne, et recule, et chancelle.
« Il ne vit plus, mon arrêt est porté, »
Dit-elle ensuite; et sa plainte touchante,
Et ses regards se tournent vers le ciel;
Et tout-à-coup sa bouche impatiente
De cent baisers couvre ce don cruel.
Tous ses malheurs vivement se retracent
  A son esprit; des pleurs chargent ses yeux;

Mais elle craint que ses larmes n'effacent
D'un sang chéri le reste précieux.
« Sans moi, Jamsel, pourquoi quitter la vie ?
Dit-elle enfin d'une voix affaiblie.
Mais attends-moi, je ne tarderai pas :
On aime encore au-delà du trépas. »

Ce dernier coup, et de si longues peines,
Ont épuisé ses forces ; par degrés
Le froid mortel se glisse dans ses veines ;
La clarté fuit de ses yeux égarés.
« Dieu de bonté, fais grâce à ma faiblesse ! »
Après ces mots, sur sa bouche elle presse
Le lin sanglant, nomme encore Jamsel,
Tombe, et s'endort du sommeil éternel.

LES TABLEAUX.

TABLEAU PREMIER.

LA ROSE.

C'est l'âge qui touche à l'enfance,
C'est Justine, c'est la candeur.
Déjà l'amour parle à son cœur :
Crédule comme l'innocence,
Elle écoute avec complaisance
Son langage souvent trompeur.
Son œil satisfait se repose
Sur un jeune homme à ses genoux,
Qui, d'un air suppliant et doux,
Lui présente une simple rose.
De cet amant passionné,
Justine, refusez l'offrande :
Lorsqu'un amant donne, il demande,
Et beaucoup plus qu'il n'a donné.

TABLEAU II.

LA MAIN.

Quand on aime bien, l'on oublie
Ces frivoles ménagemens
Que la raison ou la folie
Oppose au bonheur des amans.
On ne dit point : « La résistance
Enflamme et fixe les désirs ;
Reculons l'instant des plaisirs

Que suit trop souvent l'inconstance. »
Ainsi parle un amour trompeur,
Et la coquette ainsi raisonne.
La tendre amante s'abandonne
A l'objet qui toucha son cœur ;
Et, dans sa passion nouvelle,
Trop heureuse pour raisonner,
Elle est bien loin de soupçonner
Qu'un jour il peut être infidèle.
Justine avait reçu la fleur.
On exige alors de sa bouche
Cet aveu qui flatte et qui touche,
Alors même qu'il est menteur.
Elle répond par sa rougeur ;
Puis, avec un souris céleste,
Aux baisers de l'heureux Valsin
Justine abandonne sa main,
Et la main promet tout le reste.

TABLEAU III.

LE SONGE.

Le Sommeil a touché ses yeux ;
Sous des pavots délicieux
Ils se ferment, et son cœur veille.
A l'erreur ses sens sont livrés.
Sur son visage, par degrés,
La rose devient plus vermeille ;
Sa main semble éloigner quelqu'un ;
Sur le duvet elle s'agite ;
Son sein impatient palpite,
Et repousse un voile importun.
Enfin, plus calme et plus paisible,

Elle retombe mollement;
Et de sa bouche lentement
S'échappe un murmure insensible.
Ce murmure plein de douceur
Ressemble au souffle de Zéphyre,
Quand il passe de fleur en fleur;
C'est la Volupté qui soupire;
Oui, ce sont les gémissemens
D'une vierge de quatorze ans,
Qui, dans un songe involontaire,
Voit une bouche téméraire
Effleurer ses appas naissans,
Et qui, dans ses bras caressans,
Presse un époux imaginaire.

Le sommeil doit être charmant,
Justine, avec un tel mensonge;
Mais plus heureux encor l'amant
Qui peut causer un pareil songe!

TABLEAU IV.

LE SEIN.

Justine reçoit son ami
Dans un cabinet solitaire.
Sans doute il sera téméraire?
Oui; mais seulement à demi:
On jouit alors qu'on diffère.
Il voit, il compte mille appas,
Et Justine était sans alarmes;
Son ignorance ne sait pas
A quoi serviront tant de charmes:
Il soupire et lui tend les bras;

Elle y vole avec confiance;
Simple encore et sans prévoyance,
Elle est aussi sans embarras.
Modérant l'ardeur qui le presse,
Valsin dévoile avec lenteur
Un sein dont l'aimable Jeunesse
Venait d'achever la rondeur;
Sûr des lis il y voit la rose;
Il en suit le léger contour ;
Sa bouche avide s'y repose;
Il l'échauffe de son amour;
Et tout-à-coup sa main folâtre
Enveloppe un globe charmant,
Dont jamais les yeux d'un amant
N'avaient même entrevu l'albâtre.

C'est ainsi qu'à la volupté
Valsin préparait la beauté
Qui par lui se laissait conduire :
Il savait prendre un long détour.
Heureux qui s'instruit en amour,
Et plus heureux qui peut instruire !

TABLEAU V.

LE BAISER.

Ah! Justine, qu'avez-vous fait?
Quel nouveau trouble et quelle ivresse!
Quoi! cette extase enchanteresse
D'un simple baiser est l'effet!
Le baiser de celui qu'on aime
A son attrait et sa douceur;
Mais le prélude du bonheur
Peut-il être le bonheur même ?

Oui, sans doute, ce baiser-là
Est le premier, belle Justine;
Sa puissance est toujours divine,
Et votre cœur s'en souviendra.
Votre ami murmure et s'étonne
Qu'il ait sur lui moins de pouvoir;
Mais il jouit de ce qu'il donne;
C'est beaucoup plus que recevoir.

TABLEAU VI.

LES RIDEAUX.

Dans cette alcôve solitaire
Sans doute habite le repos;
Voyons. Mais ces doubles rideaux
Semblent fermés par le Mystère;
Et ces vêtemens étrangers
Mêlés aux vêtemens légers
Qui couvraient Justine et ses charmes,
Et ce chapeau sur un sopha,
Ce manteau plus loin, et ces armes,
Disent assez qu'Amour est là.
C'est lui-même : je crois entendre
Le premier cri de la douleur,
Suivi d'un murmure plus tendre,
Et des soupirs de la langueur.
Valsin, jamais ton inconstance
N'avait connu la volupté;
Savoure-la dans le silence.
Tu trompas toujours la beauté;
Mais sois fidèle à l'innocence.

TABLEAU VII.

LE LENDEMAIN.

D'un air languissant et rêveur
Justine a repris son ouvrage :
Elle brode ; mais le bonheur
Laissa sur son joli visage
L'étonnement et la pâleur.
Ses yeux qui se couvrent d'un voile
Au sommeil résistent en vain ;
Sa main s'arrête sur la toile,
Et son front tombe sur sa main.
Dors et fuis un monde malin :
Ta voix plus douce et moins sonore,
Ta bouche qui s'entr'ouvre encore,
Tes regards honteux ou distraits,
Ta démarche faible et gênée,
De cette nuit trop fortunée
Révéleraient tous les secrets.

TABLEAU VIII.

L'INFIDÉLITÉ.

Un bosquet, une jeune femme,
A ses genoux un séducteur
Qui jure une éternelle flamme,
Et qu'elle écoute sans rigueur ;
C'est Valsin. Dans le même asile
Justine, crédule et tranquille,
Venait rêver à son amant ;

Elle entre : que le peintre habile
Rende ce triple étonnement.

TABLEAU IX.

LES REGRETS.

Justine est seule et gémissante,
Et mes yeux avec intérêt
La suivent dans ce lieu secret
Où sa chute fut si touchante.
D'abord son tranquille chagrin
Garde un morne et profond silence:
Mais des pleurs s'échappent enfin,
Et coulent avec abondance
De son visage sur son sein;
Et ce sein formé par les Grâces,
Dont le voluptueux satin
Du baiser conserve les traces,
Palpite encore pour Valsin.
Dans sa douleur elle contemple
Ce réduit ignoré du jour,
Cette alcôve, qui fut un temple,
Et redit : Voilà donc l'Amour !

TABLEAU X.

LE RETOUR.

Cependant Valsin infidèle
Ne cessa point d'être constant;
Justine, aussi douce que belle,
Pardonna l'erreur d'un instant.

lle est dans les bras du coupable.
 lui parle de ses remords;
ar un silence favorable
lle répond à ses transports;
lle sourit à sa tendresse,
t permet tout à ses désirs :
Iais pour lui seul sont les plaisirs;
lle conserve sa tristesse;
on amour n'est plus une ivresse :
lle abandonne ses attraits;
Iais cependant elle soupire,
t ses yeux alors semblaient dire :
e charme est détruit pour jamais.

LES DÉGUISEMENS DE VÉNUS.

TABLEAU PREMIER.

Aux bergers la naissante Aurore
Annonçait l'heure des travaux;
Mais Myrtis sommeillait encore;
Un songe agitait son repos.
Il se croit aux champs de Cythère;
Vénus, en habit de bergère,
A ses yeux apparaît soudain :
Elle balance dans sa main
De myrte une branche légère.
Surpris, il fléchit les genoux,
Et contemple cette immortelle,
Que Pâris jugea la plus belle,
Et dont les bienfaits sont si doux.
Long-temps il l'admire, et sa bouche
Pour l'implorer en vain s'ouvrait;
Du myrte heureux Vénus le touche,
Sourit ensuite et disparaît.

TABLEAU II.

Myrtis dans la forêt obscure
Cherchait le frais et le repos.
Zéphyre lui porte ces mots
Que chante une voix douce et pure :

LES DÉGUISEMENS DE VÉNUS.

« Dans ma main je tiens une fleur.
Fleur aussi, je suis moins éclose.
Dieu des filles et du bonheur,
Je t'offre quinze ans et la rose.

Mon sein se gonfle, et quelquefois
Je rêve et soupire sans cause.
Jeune Myrtis, c'est dans ce bois
Qu'on trouve quinze ans et la rose.

J'affaisse à peine le gazon
Où seule encore je repose :
Si tu viens, rapide Aquilon,
Ménage quinze ans et la rose. »

Il paraît ; elle fuit soudain.
Légère et long-temps poursuivie ;
Le berger l'implorait en vain.
Mais à la fleur elle confie
Le premier baiser de l'amour ;
Puis sa main à Myrtis la jette ;
Il la reçoit ; faible et muette,
L'autre fleur se donne à son tour.
Ménage quinze ans et la rose,
Calme-toi, fougueux Aquilon.
Un cri s'échappe et le gazon...
Viens, doux Zéphyre, elle est éclose.

TABLEAU III.

« Dryades, pourquoi fuyez-vous ?
Des bois protectrices fidèles,
Soyez sans crainte et sans courroux,
A mes regards vous êtes belles ;

Mais un moment tournez les yeux :
Je n'ai du satyre odieux
Ni les traits ni l'audace impie.
Arrêtez donc, troupe chérie,
Au nom du plus puissant des dieux. »
De Myrtis la prière est vaine.
D'un pas rapide vers la plaine
Les Dryades fuyaient toujours.
Une seule un moment s'arrête,
Fuit encore, en tournant la tête,
Et du bois cherche les détours.
Seize printemps forment son âge.
Un simple feston de feuillage
Couronne et retient ses cheveux.
Des Eurus le souffle amoureux
Soulève et rejette en arrière
Sa tunique verte et légère;
Et déjà Myrtis est heureux.
Il atteint la Nymphe timide,
Sur le bord d'un torrent rapide,
Au milieu des rochers déserts,
De mousse et d'écume couverts.
Un espace étroit se présente :
L'un contre l'autre ils sont pressés;
Et bientôt l'onde mugissante
Mouille leurs pieds entrelacés.

TABLEAU IV.

Dans sa cabane solitaire
Myrtis attendait le sommeil.
Arrive une jeune étrangère.
Le teint de Flore est moins vermeil.

Du voile éclatant des princesses
Sa beauté s'embellit encor ;
Sur sa tête le réseau d'or
De ses cheveux fixe les tresses ;
L'or entoure son cou de lis,
Et serre ses bras arrondis ;
La pourpre forme sa ceinture ;
Et sur le cothurne brillant,
De ses pieds utile parure,
Sa tunique à longs plis descend.
Myrtis en silence l'admire.
« Je fuis un tyran détesté,
Lui dit-elle avec un sourire ;
Donne-moi l'hospitalité.
— Embellissez mon toit modeste.
Des joncs tressés forment mon lit ;
Il est pour vous. — Où vas-tu ? Reste ;
Du lit la moitié me suffit. »
Sur cet humble et nouveau théâtre
Elle s'assied ; un long soupir
De son sein soulève l'albâtre :
C'était le signal du plaisir.
Sur la cabane hospitalière
Passe en vain le dieu du repos :
Myrtis et la belle étrangère
Échappent à ses lourds pavots.
Leur impatiente jeunesse
Jouit et désire sans cesse.
Ivres de baisers et d'amour,
D'amour ils soupirent encore ;
Et pourtant la riante Aurore
Entr'ouvrait les portes du jour.

TABLEAU V.

« Nymphé de ce riant bocage,
Vénus même sous votre ombrage
Sans doute dirigea mes pas.
Elle a ralenti votre fuite;
Elle accéléra ma poursuite,
Et vous fit tomber dans mes bras.
Des mortels souvent les déesses
Reçurent les tendres caresses :
Imitez et craignez Vénus;
Elle punirait vos refus. »
Malgré cette voix suppliante,
Et malgré ses désirs secrets,
La Nymphe défend ses attraits,
Et toujours sa bouche riante
Échappe aux baisers indiscrets.
A quelques pas, dans la prairie
Un fleuve promenait ses flots.
Le front couronné de roseaux,
Des Naïades la plus jolie
Se jouait au milieu des eaux.
Tantôt sous le cristal humide
Elle descend, remonte encor,
Et présente au regard avide
De son sein le jeune trésor;
Tantôt glissant avec souplesse,
Elle étend ses bras arrondis,
Et sur l'onde qui la caresse
Élève deux globes de lis.
Bientôt mollement renversée,
Par le flot elle est balancée;
Son pied frappe l'eau qui jaillit.

Invisible dans le bocage,
Myrtis écartant le feuillage
Voit tout, et de plaisir sourit.
Alors la champêtre déesse,
Que dans ses bras toujours il presse,
Rapproche les rameaux touffus,
D'un voile en rougissant se couvre,
Et sur sa bouche qui s'entr'ouvre
Expire le dernier refus.

TABLEAU VI.

Sous des ombrages solitaires
Devant un Satyre effronté,
Fuyait avec rapidité
La plus timide des bergères.
Au loin elle aperçoit Myrtis :
« A mon secours le ciel t'envoie,
Jeune inconnu; défends Naïs. »
Le Satyre lâche sa proie.
La bergère à son protecteur
Sourit, mais conserve sa peur.
« Bannis tes injustes alarmes,
Dit-il; je respecte tes charmes.
Viens donc : du village voisin
Je vais t'indiquer le chemin. »
Elle rougit, et moins timide,
A pas lents elle suit son guide.
Mais elle entend un bruit lointain :
Du berger elle prend la main,
Et dans ses bras cherche un asile.
Discret, il demeure immobile,
Et n'ose presser ses appas.
Elle voyait son doux martyre.

Le bruit cesse ; Myrtis soupire,
Et Naïs reste dans ses bras.

TABLEAU VII.

Phébus achevait sa carrière ;
Dans les cieux l'ombre s'étendait ;
Myrtis à pas lents descendait
De la montagne solitaire.
Une femme sur son chemin
Se place et doucement l'arrête.
Au croissant que porte sa tête,
A sa taille, à son port divin,
Il a reconnu l'immortelle.
« Cher Endimion, viens, dit-elle.
Un moment pour toi j'ai quitté
Le ciel et mon trône argenté :
Viens, sois heureux et sois fidèle. »
Le berger suit ses pas discrets.
De cette méprise apparente
Il profite, et la nuit naissante
Protége ses baisers muets.
Il trouve dans la jouissance
L'abandon et la résistance,
L'embarras de la nudité,
Les murmures de la tendresse,
Les refus et la douce ivresse,
La pudeur et la volupté.

TABLEAU VIII.

« Berger, j'appartiens à Diane :
Pourquoi toujours suis-tu mes pas ?
Je hais Vénus : fuis donc profane ;

Crains cette flèche et le trépas. »
Elle dit, et sa main cruelle,
Sur l'arc pose le trait léger ;
Mais Myrtis, qui la voit si belle,
Sourit, et brave le danger.
Un fossé profond les sépare ;
Avec audace il est franchi.
Imprudent d'un regret suivi,
Le trait vole, siffle et s'égare.
La nymphe de nouveau s'enfuit.
Le berger toujours la poursuit.
Dans une grotte solitaire,
De Diane asile ordinaire,
Elle entre ; et sa main aussitôt
Saisit et lève un javelot.
Sa fierté, sa grâce pudique,
Irritent le désir naissant ;
D'un côté sa blanche tunique
Tombe et sur le genoux descend ;
De l'autre une agathe polie
La relève, livrant aux yeux
Les lis d'une cuisse arrondie,
Et des contours plus précieux.
De son sein, qui s'enfle et palpite,
Et dont ce combat précipite
Le voluptueux mouvement,
Un globe est nu : le jeune amant
S'arrête, et des yeux il dévore,
Malgré le javelot fatal,
L'albâtre pur et virginal
Qu'au sommet la rose colore.
Il saisit la Nymphe, et sa voix
Pour l'implorer devient plus tendre.
Des cris alors se font entendre
Le cor résonne dans les bois.
« Malheureux ! laisse-moi, dit-elle,

Diane est jalouse et cruelle :
Si je l'invoque, tu péris. »
Malgré sa nouvelle menace,
Le berger fortement l'embrasse :
Des baisers préviennent ses cris.
Diane approche, arrive, passe,
Au loin elle conduit la chasse,
Et laisse la nymphe à Myrtis.

TABLEAU IX.

D'Érigone c'était la fête.
Des bacchantes sur les coteaux
Couraient sans ordre et sans repos.
La plus jeune pourtant s'arrête,
Nomme Myrtis, et fuit soudain
Sous l'ombrage du bois voisin.
Le lierre couronne sa tête ;
Ses cheveux flottent au hasard ;
Le voile qui la couvre à peine,
Et que des vents enfle l'haleine,
Sur son corps est jeté sans art ;
Le pampre forme sa ceinture,
Et de ses bras fait la parure ;
Sa main tient un thyrse léger.
Sa bouche riante et vermeille
Présente à celle du berger
Le fruit coloré de la treille.
Son abandon, sa nudité,
Ses yeux lascifs et son sourire
Promettent l'amoureux délire
Et l'excès de la volupté.
Au loin ses bruyantes compagnes
De cymbales et de clairons

Fatiguent l'écho des montagnes,
Mêlant à leurs libres chansons
La danse qui peint avec grâce
L'embarras naissant du désir,
Et celle ensuite qui retrace
Tous les mouvemens du plaisir.

TABLEAU X.

« Jeune berger, respecte Égine.
La terre me donna le jour ;
Jadis je suivais Proserpine,
Et de Cérès j'orne la cour. »
En disant ces mots dans la plaine
Elle fuyait devant Myrtis,
Et déjà du berger l'haleine
Vient humecter son cou de lis.
Elle échappe à sa main ardente.
Plus rapide, il vole, et deux fois
Saisit la tunique flottante,
Qui se déchire entre ses doigts.
« Préviens son triomphe, ô ma mère ! »
Elle dit : aussitôt la terre
S'entr'ouvre avec un bruit affreux,
Vomit le bitume et la pierre,
Et présente un gouffre de feux.
Myrtis épouvanté s'arrête.
La Nymphe retourne la tête,
Et de loin lui tendant la main,
L'appelle avec un ris malin.
Le berger un moment balance ;
Vénus le rassure en secret ;
Égine, qu'il poursuit, s'élance,
Et dans les flammes disparaît.

Il s'y jette; imprudence heureuse!
Sur un lit de mousse et de fleurs
Il tombe, et la nymphe amoureuse
Sourit entre ses bras vainqueurs.

TABLEAU XI.

Le ciel est pur, mais sans lumière;
L'ombre enveloppe l'hémisphère.
Myrtis, égaré dans les bois,
Trouble en vain leur vaste silence;
L'écho seul répond à sa voix.
Du rendez-vous l'heure s'avance;
Adieu l'amoureuse espérance,
Adieu tous les baisers promis.
« Des nuits malfaisante déesse,
Disait-il, je hais ta tristesse;
Je hais tes voiles ennemis. »
Il parle encore, et l'immortelle,
Comme Vénus riante et belle,
Se présente à ses yeux surpris.
Recouverts de crêpes humides,
Son char et ses coursiers rapides
De l'ébène offrent la couleur.
A l'entour voltigent les Songes,
Les Spectres et les vains Mensonges,
Fils du Sommeil et de l'Erreur.
De son trône elle est descendue.
Le berger se trouble à sa vue,
Et la crainte saisit son cœur;
Mais la déesse avec douceur,
« Jeune imprudent, je te pardonne.
Je ferai plus; oui, mon secours
Est souvent utile aux Amours.

Que veux-tu ? parle, je l'ordonne. »
Myrtis, que charme sa beauté,
Garde le silence et l'admire ;
L'immortelle par un sourire
Enhardit sa timidité.
Elle a déposé sur la terre
Le pâle flambeau qui l'éclaire.
A ses cheveux bruns et tressés
Des pavots sont entrelacés ;
Une légère draperie,
Noire et d'étoiles enrichie,
Trahit l'albâtre de son corps,
Et de l'amour les deux trésors.
Sur l'herbe s'assied la déesse ;
Le berger s'y place à son tour.
Il voit et baise avec ivresse
Des charmes inconnus au jour.
Un feu renaissant le dévore.
« Encore, disait-il, encore.
Que nos plaisirs soient éternels ! »
Elle sourit, et de l'Aurore
Le retard surprit les mortels.

TABLEAU XII.

Myrtis sur le fleuve rapide
Voit un esquif abandonné,
Qui, par le courant entraîné,
Vogue sans rame et sans guide.
Au milieu des flots le berger
S'élance, et dans l'esquif léger
Il trouve une fille jolie,
Sur un lit de joncs endormie :
Elle sourit dans son sommeil ;

Et sa bouche alors demi-close
Montre l'ivoire sous la rose.
Un baiser produit son réveil ;
Un baiser étouffe ses plaintes,
Un baiser adoucit ses craintes ;
Un autre cause un long soupir ;
Un autre allume le désir ;
Un autre achève le plaisir,
Et lentement la fait mourir.
Elle renaît soumise et tendre,
Ne voile point ses charmes nus,
Et sans peine consent à rendre
Tous les baisers qu'elle a reçus.
Soudain les flots sont plus tranquilles ;
Et le bateau légèrement
Glisse sur les vagues dociles
Qui le balancent mollement.

TABLEAU XIII.

Caché dans une grotte humide
Où vient mourir le flot amer,
Myrtis, l'œil fixé sur la mer,
Épiait une Néréide.
Tout-à-coup se montre Thétis,
Et sous sa conque blanchissante,
Que traîne ses dauphins chéris,
S'affaissent l'onde obéissante.
A l'entour nagent les Tritons ;
Leur barbe est d'écume imbibée ;
Des coquilles ornent leur front ;
Et de leur trompe recourbée
Au loin retentissent les sons.
Près du char, les Océanides

Et les charmantes Néréides,
Variant leurs jeux et leurs chants,
Glissent sur les flots caressans.
Thétis vers la grotte s'avance,
Entre seule, voit le berger,
Rit de son trouble passager,
Et lui commande le silence.
La perle dans ses blonds cheveux
En guirlande brille et serpente;
La perle rend plus précieux
L'azur de sa robe élégante.
Le sable reçoit son manteau,
Et lui présente un lit nouveau.
Aimez, jeunes Océanides;
Aimez, rapides Aquilons;
Et vous, charmantes Néréides,
Tombez dans les bras des Tritons.

TABLEAU XIV.

« Qu'ordonnez-vous, chaste déesse?
— Rien : Vesta, trompant tous les yeux,
Pour toi seul a quitté les cieux.
Je t'aime. — Vous! — De ma sagesse
Tu triomphes, heureux Myrtis!
J'ai des attraits; mais, trop sévère,
J'effrayais les Jeux et les Ris :
Hélas! j'aurais mieux fait de plaire. »
De ce triomphe inattendu
Myrtis jouit en espérance.
Vesta, sans voile et sans défense,
Oubliait sa longue vertu.
Au jeune berger qui l'embrasse,
Et qui l'embrasse vainement,

Elle se livre gauchement;
Ses baisers n'ont aucune grâce.
De son aigre sévérité,
Punition juste et cruelle!
Triste et honteuse, l'immortelle
Remporte au ciel sa chasteté.

TABTEAU XV.

Dans l'onde fraîche une bergère
Se baignait durant la chaleur.
Sur le rivage solitaire
Myrtis passe; au cri de frayeur
Il répond avec un sourire :
« Ne craignez rien : sous ces berceaux,
Sage et discret, je me retire.
Mais quand vous sortirez des eaux,
Je vous habillerai moi-même.
— Sois généreux, jeune Myrtis,
Et n'emporte pas mes habits,
Peut-être la Nymphe qui t'aime
Saura te..... » Discours superflus!
Le berger ne l'entendait plus.
De l'onde elle sort, et tremblante
Elle arrive sous le bosquet.
Malgré sa prière touchante,
Myrtis poursuit son doux projet.
En plaçant la courte tunique
Sur ce corps de rose et de lis,
Il touche une gorge élastique
Et d'autres charmes arrondis;
Sa main rattache la ceinture,
Trop haut d'abord et puis trop bas:
La bergère en riant murmure,

Et cependant ne l'instruit pas.
A son humide chevelure
On rend le feston de bluets
Qui toujours forme sa parure.
Les brodequins viennent après :
Long-temps incertaine et craintive,
Elle rougit, enfin s'assied,
A Myrtis présente son pied,
Et sa rougeur devient plus vive.
Dans ce moment heureux, Phébus
Était au haut de sa carrière;
Le jour finit, et la bergère
Avait encore les pieds nus.

TABLEAU XVI.

Du midi s'élance l'orage.
Dans son frêle bateau, Myrtis,
Jouet des vents et de Thétis,
Ne peut regagner le rivage.
« Apaise tes fougueux enfans,
Belle Orythie, et sur la rive
Pour toi je brûlerai l'encens. »
Au ciel monte sa voix plaintive.
Soudain un nuage léger
Sur les flots mugissans s'abaisse :
Il s'entr'ouvre; et d'une déesse
Les bras enlèvent le berger.
Tremblant, il garde le silence;
Un baiser dissipe sa peur.
Neptune jusqu'aux cieux s'élance;
Les vents redoublent leur fureur;
Myrtis caché dans le nuage
S'élève au milieu de l'orage,

Avec sécurité fend l'air,
Voit partir le rapide éclair
Qui suit la foudre vengeresse,
Et sur le sein de sa maîtresse
Il brave Éole et Jupiter.

TABLEAU XVII.

« De Myrtis que la voix est tendre!
Il approche, et n'a pu me voir :
Sous cet arbre il viendra s'asseoir;
Je veux me cacher et l'entendre. »
La jeune bergère, à ces mots,
Sur l'arbre monte avec adresse,
Et disparaît dans les rameaux.
Le berger sous leur voûte épaisse
Bientôt arrive, et les échos
Répètent ses accens nouveaux :

« Un oiseau venu de Cythère
Se cache, dit-on, dans ce bois.
Sa voix est touchante et légère,
Et son bec embellit sa voix.

Les chasseurs sont à sa poursuite.
Mille fois heureux son vainqueur!
Mais il craint la cage et l'évite;
Et c'est lui qui prend l'oiseleur.

Jeune oiseau, ton joli plumage
Fait naître l'amoureux désir;
Et pour moi, dans l'épais feuillage,
Tu seras l'oiseau du plaisir. »

Il dit, et sur l'arbre s'élance :
La bergère ne pouvait fuir,
Et le rire était sa défense :
Au vainqueur il faut obéir.
Quelques Nymphes de ce bocage
Du même arbre cherchent l'ombrage ;
Mais le bruit des baisers nouveaux
Se perd dans le confus ramage
Des fauvettes et des moineaux.

TABLEAU XVIII.

« Ma fidélité conjugale
Trop long-temps regretta Tithon ;
Trop long-temps j'ai pleuré Céphale,
Égis et le jeune Orion.
La douleur flétrirait mes charmes.
Revenez, amoureux désirs ?
Les roses naissent de mes larmes ;
Elles naîtront de mes plaisirs. »
A ces mots, la galante Aurore
De Myrtis, qui sommeille encore,
Hâte le paresseux réveil.
Elle a quitté son char vermeil.
Sur sa tête brille une étoile.
Un safran pur et précieux
Colora sa robe et son voile.
L'amour est peint dans ses beaux yeux.
L'humble lit du berger timide
La reçoit ; ô douces faveurs !
Sous elle le feuillage aride
Renaît et la couvre de fleurs.

TABLEAU XIX.

L'amour ne connait point la crainte.
Du bois Myrtis franchit l'enceinte;
Il s'y cache, et voit s'approcher
Celle qu'il ose ainsi chercher.
Ses traits sont purs; la violette
S'entrelace à la bandelette
Qui couronne son front serein.
Sur sa longue robe de lin
Descend une courte tunique;
Son regard est doux et pudique.
Myrtis paraît, elle rougit;
Il prévient sa fuite, et lui dit :
« De Minerve jeune prêtresse,
Mes yeux te suivaient à l'autel.
J'ai vu tes mains à la Déesse
Offrir un encens solennel.
— Fuis. — Ne sois pas inexorable.
— Fuis donc! — Avec toi je fuirai.
— Des fers attends le coupable
Qui profane ce bois sacré.
— Ta bouche menace et soupire.
— Imprudent! je plains ton délire :
Crains le trépas, retire-toi.
— Non. — Minerve, protége-moi. »
Mot fatal! son âme alarmée
Le rétracte, mais vainement;
Entre les bras de son amant
Elle est en myrte transformée.
Il recule, saisi d'horreur;
Il doute encor de son malheur;
D'une voie éteinte il appelle
La jeune vierge; avec frayeur

Il touche l'écorce nouvelle ;
Ses pleurs coulent, et sa douleur
Maudit la Déesse inflexible.
Dans le bois il entend du bruit ;
Il embrasse l'arbre insensible,
S'éloigne, revient et s'enfuit.

TABLEAU XX.

De la jeune et belle prêtresse
L'image poursuivait Myrtis.
Il fuit les autels de Cypris,
Il fuit la brillante jeunesse,
Et chaque jour aigrit son mal.
Un soir enfin du bois fatal
Il franchit de nouveau l'enceinte.
Il baise les rameaux chéris ;
Au ciel il adresse sa plainte :
Le ciel paraît sourd à ses cris.
Éole entasse les nuages ;
De leurs flancs sortent les orages ;
Les éclairs suivent les éclairs ;
La foudre sillonne les airs.
Le berger brave la tempête,
Et le feu roulant sur sa tête.
Le myrte arrosé de ses pleurs,
Par un faible et naissant murmure,
Semble répondre à ses douleurs.
Prodige heureux ! L'écorce dure
Se soulève, et prend sous sa main
L'albâtre et les contours du sein.
Une bouche naît sous la sienne,
Et soudain une fraîche haleine
Se mêle à ses soupirs brûlans.

Les rameaux qu'en ses bras il presse
Transformés en bras ronds et blancs,
Lui rendent sa douce caresse.
Plus de combats, plus de refus;
Et de Minerve la prêtresse
Est déjà celle de Vénus.

TABLEAU XXI.

Des Dieux la prompte messagère
Part, vole, se montre à Myrtis,
Et dit : « La reine de Cythère
Parut la plus belle à Pâris :
L'heureuse pomme fut pour elle;
Mais entre Junon et Pallas
Toujours subsiste la querelle,
Et c'est toi qui les jugeras. »
En parlant ainsi, la Déesse
Est debout sur son arc brillant.
Myrtis contemple sa jeunesse,
Ses yeux d'azur, son front riant,
L'or de sa baguette divine,
Les perles de ses bracelets,
Et l'écharpe flottante et fine
Qui voile à demi ses attraits.
« Pourquoi gardes-tu le silence?
Reprend-elle : réponds, Myrtis;
Le refus serait une offense.
— Disputez-vous aussi le prix ?
— Je le pourrais; j'ai quelques charmes.
— Voyons. — Promets-tu le secret?
— Oui. — Je crains. — Soyez sans alarmes.
— Eh bien, juge; mais sois discret.
— Ce voile à vos pieds doit descendre.
Ce n'est pas tout ; la Volupté

Embellit encore la Beauté,
Et le prix est pour la plus tendre. »
L'immortelle baisse les yeux,
Repousse la main qui la touche,
Aux baisers dérobe sa bouche,
Et tombe sur l'arc radieux.

TABLEAU XXII.

Assise sur un faisceau d'armes
Recouvert d'un léger tapis,
Aux regards de l'heureux Myrtis
Pallas abandonne ses charmes.
Le berger hésite, et pourtant
Écarte d'une main timide
Son casque à panache flottant,
Sa lance d'or et son égide.
La cuirasse tombe à son tour,
Et même la blanche tunique.
De Pallas la beauté pudique
Vainement éveille l'Amour;
Jamais il n'obtient de retour.
Le berger étonné l'admire,
Mais affecte un calme trompeur.
La Déesse voit sa froideur,
Prend sa main, doucement l'attire,
Le reçoit dans ses bras, soupire,
Et prudente elle répétait:
On me croit sage; sois discret. »

TABLEAU XXIII.

Viens, jeune et charmante Théone.
— Non; Junon peut-être t'attend :
Jamais son orgueil ne pardonne.
— Qu'importe ? — Fuis. — Un seul instant !
— Demain je tiendrai mes promesses.
— Je brûle des feux du désir ;
Viens ; la beauté fait les déesses.
— Et qui fait les dieux ? — Le plaisir.

TABLEAU XXIV.

Myrtis devant Junon s'incline.
Un diadème radieux,
De pourpre un manteau précieux,
Un sceptre dans sa main divine,
Annoncent la reine des cieux.
Au juge que sa voix rassure
Elle abandonne sa ceinture
Et ses superbes vêtemens :
Sans voiles et sans ornemens,
La nudité fait sa parure.
Alors sur des coussins épais
Que l'or et la perle enrichissent,
Et qui légèrement fléchissent,
Le berger place ses attraits.
Ses regards troublent la déesse.
Elle soupçonne de Pallas
La ruse et la douce faiblesse:
A Myrtis elle ouvre ses bras,

Sourit de sa vive caresse,
Et prudente elle répétait :
« On me croit sage ; sois discret. »

TABLEAU XXV.

Du haut des airs qu'elle colore,
La jeune Iris descend encore.
Myrtis la reçoit dans ses bras.
Elle se livre à ses caresses,
Et pourtant elle dit tout bas :
« Si je tarde, les deux déesses
Pourront croire... Séparons-nous. »
Suivent des baisers longs et doux.
« Je ne puis prononcer entre elles,
Dit enfin le berger.— Pourquoi?
— Également elles sont belles ;
Et la plus aimable, c'est toi. »

TABLEAU XXVI.

Rêveuse et doucement émue,
Elle arrive dans le bosquet
Où de Vénus est la statue,
A ses pieds dépose un bouquet,
Et dit : « O Cypris, je t'implore ;
Protége moi contre ton fils.
Pour lui je suis trop jeune encore.
Je ne veux point aimer Myrtis. »
Quelques jours après sa jeunesse
De l'amour craint moins les douceurs.

D'un feston de myrte et de fleurs
Elle couronne la Déesse,
Disant : « Vois mon trouble secret ;
J'aime, apprends-moi comment on plaît. »
Elle revient, et le sourire
Ouvre sa bouche qui soupire :
« Il m'aime, ô propice Vénus !
Seule à ses regards je suis belle ;
Mais je veux par quelque refus
Irriter sa flamme nouvelle. »
Une guirlande sous sa main
Se déploie ; et de la statue,
Que le ciseau fit belle et nue,
Elle couvrait... Myrtis soudain
Du feuillage sort, et s'écrie·
« Ne couvre rien, ma jeune amie ;
Crains Vénus. » Sans force et sans voix,
Elle rougit, chancelle, glisse ;
Et la guirlande protectrice
Reste inutile entre ses doigts.

TABLEAU XXVIII.

Le sombre Pluton sur la terre
Était monté furtivement.
De quelque Nymphe solitaire
Il méditait l'enlèvement.
De loin le suivait son épouse :
Son indifférence est jalouse.
Sa main encor cueillait la fleur
Qui jadis causa son malheur :
Il renaissait dans sa pensée.
Myrtis passe : il voit ses attraits,
Et la couronne de cyprès

LES DÉGUISEMENS DE VÉNUS.

A ses cheveux entrelacée.
Il se prosterne; d'une main
Elle fait un signe; et soudain
Remonte sur son char d'ébène.
Près d'elle est assis le berger.
Les coursiers noirs d'un saut léger
Ont déjà traversé la plaine.
Ils volent; des sentiers déserts
Les conduisent dans les enfers.
Du Styx ils franchissent les ondes :
Caron murmurait vainement ;
Et Cerbère sans aboîment
Ouvrait ses trois gueules profondes.
Le berger ne voit point Minos,
Du Destin l'urne redoutable,
D'Alecton le fouet implacable,
Ni l'affreux ciseau d'Atropos.
Avec prudence Proserpine
Le conduit dans un lieu secret,
Où Pluton, admis à regret,
Partage sa couche divine.
Myrtis baise ses blanches mains :
La presse d'une voix émue,
Et la déesse demi-nue
Se penche sur de noirs coussins.

Elle craint un époux barbare :
Le berger quitte le Tartare.
Par de longs sentiers ténébreux,
Il remonte, et sa main profane
Ouvre la porte diaphane
D'où sortent les Songes heureux.
Morphée a touché sa paupière;
Elle dort sous l'ombrage frais.
Des Zéphyrs l'aile familière
Dévoile ses charmes secrets.

Myrtis vient, ô douce surprise !
« Hier, au temple de Vénus,
Dit-il, j'ai fléchi ses refus :
Dérobons la faveur promise....
Non, je respecte son sommeil ;
J'aurai le baiser du réveil. »
Il voit un bouquet auprès d'elle ;
Des roses il prend la plus belle ;
Avec adresse, avec lenteur,
Sa main la place sur l'ébène,
Et sa bouche baise la fleur.
Il s'éloigne alors, non sans peine,
Et se cache dans un buisson,
D'où sort un léger papillon.
L'insecte léger voit la rose,
Un moment sur elle se pose,
Puis s'envole, et fuit sans retour.
Myrtis dit tout bas : « C'est l'Amour. »

TABLEAU XXIX.

« Arrêtez, charmante Déesse !
Votre main au banquet des cieux,
Verse le nectar; et des Dieux
Vous éternisez la jeunesse.
— Il est vrai : dans ma coupe d'or
Tes lèvres trouveront encor
De ce breuvage quelque reste :
Bois donc. — J'ai bu. Quelle chaleur
Pénètre mes sens et mon cœur !
Restez, ô déesse ! — Je reste. »
Il est heureux, et ses désirs
Demandent de nouveaux plaisirs.
En riant, la jeune immortelle

S'échappe, fuit et disparaît.
Le berger en vain la rappelle.
Seul il marche, de la forêt
Il suit les routes ténébreuses;
Et là dans ses bras tour à tour
Tombent les maîtresses nombreuses
Qu'un moment lui donna l'amour.
Un moment, bergères, princesses,
Nymphes, bacchantes et déesses,
Reçoivent ses baisers nouveaux,
Puis s'échappent : point de repos;
Du nectar la douce puissance
Soutient sa rapide inconstance.
Ses vœux n'appelaient point Vesta,
Et dans son temple elle resta.
Las enfin, sous le frais ombrage
Il s'assied, et sa faible voix
Implore une seconde fois
L'échansonne au divin breuvage.
Elle vient : à Myrtis encor
Sa main offre la coupe d'or,
Et déjà les désirs renaissent.
De son bienfait Hébé jouit;
Sous ses attraits les fleurs s'affaissent;
Plus belle ensuite elle s'enfuit.
Le berger, dont la douce plainte
La poursuit jusque dans les cieux,
Sur le gazon voluptueux
De ses charmes baise l'empreinte,
Et le Sommeil ferme ses yeux.

TABLEAU XXX.

Il dort; un baiser le réveille.
O surprise! ô douce merveille!

D'Amours légers environné,
Un char par des cygnes traîné
Dans l'air l'emporte avec vitesse.
La crainte agite ses esprits ;
Mais la belle et tendre Déesse
Le rassure par un souris.
Sur des coussins de pourpre fine,
Près de sa maîtresse divine
Il s'assied, d'amour éperdu.
Aussitôt un voile étendu
Forme pour eux un dais utile.
Myrtis, de surprise immobile,
Dans Vénus revoit les appas
Des déesses et des mortelles
Que ses yeux trouvèrent si belles,
Et qui tombèrent dans ses bras.
Elle répond à son silence :
« Je t'aimai long-temps en secret.
Tout est facile à ma puissance ;
Et Vénus de ton inconstance
Fut toujours la cause et l'objet. »
A ces mots, au berger timide
Ses bras d'albâtre sont tendus ;
Par degrés à sa bouche avide
Elle livre ses charmes nus,
Sous les baisers devient plus belle ;
Enfin permet tout à Myrtis,
Et lui dit : « Sois aussi fidèle
Et moins malheureux qu'Adonis. »
Consumé d'amour et d'ivresse,
Sur les lèvres de sa maîtresse
Myrtis boit le nectar divin ;
Il meurt et renaît sur son sein ;
Et cependant le char rapide,
Glissant avec légèreté
Dans l'air doucement agité,
Descend vers les bosquets de Gnide.

LE
VOYAGE DE CÉLINE.

« La nuit s'écoule, et vainement
J'attends l'ingrat qui me délaisse.
Quelle froideur dans un amant !
Quel outrage pour ma tendresse !
Hélas ! l'hymen fait mon malheur ;
Libre enfin, jeune encore et belle,
J'aimai, je connus le bonheur ;
Et voilà Dorval infidèle !
Chez un peuple sensible et bon,
Si noble et si galant, dit-on,
Combien les femmes sont à plaindre !
L'hymen, l'amour, l'opinion,
Les lois même, il leur faut tout craindre.
Trop heureux ce monde lointain,
Fidèle encore à la nature,
Où l'amour est sans imposture,
Sans froideur, sans trouble et sans fin ! »

Pendant cette plainte chagrine,
Du jour tombe le vêtement,
Et sur le duvet tristement
Se penche la jeune Céline.
Un propice habitant du ciel,
Connu de la Grèce païenne,
Une substance aérienne
Que là-haut on nomme Morphel,
Descend, l'emporte, et la dépose
Dans ce désert si bien chanté,
Sur ces joncs si fameux qu'arrose

Le Mississipi tant vanté.
Des vrais amours c'est le théâtre.
Heureuse Céline ! en marchant,
La ronce et le caillou tranchant
Ensanglantent tes pieds d'albâtre;
Mais ils sont vierges ces cailloux,
Vierges ces ronces; quel délice !
Vierge encore est ce précipice :
Pourquoi fuir un danger si doux?
Dans ce moment vers notre belle
Un homme accourt; noir, sale et nu,
Debout il reste devant elle,
Et regarde : cet inconnu
Est un sauvage véritable,
Étranger aux grands sentimens,
Bien indigène, et peu semblable
Aux sauvages de nos romans.
Je t'épouse, mais rien ne presse;
En attendant, prends sur ton dos
Ces outils, ces pieux et ces paux;
Double ta force et ton adresse.
Au pied de ce coteau lointain
Cours vite, choisis bien la place,
Et bâtis ma hute; demain
Je te rejoins, et de ma chasse
Pour moi tu feras un festin :
Je pourrai t'en livrer les restes.
Bonsoir; bannis cet air chagrin,
Et relève ces yeux modestes :
Tu le vois, ton maître est humain. »

Qu'en dites-vous, jeune Céline?
Rien; elle pleure, et de Morphel
Fort à propos l'aile divine
L'emporte sous un autre ciel.
La voilà planant sur les îles

De ce pacifique océan,
Qui ne l'est plus, quand l'ouragan
Vient fondre sur les flots tranquilles,
Ce qu'il fait souvent, comme ailleurs.
De vingt peuplades solitaires
Elle observe les lois, les mœurs,
Et surtout les galans mystères ;
Mystères ? non pas ; leur amour
A la nuit préfère le jour.
Céline, en détournant la vue :
« L'innocence est aussi trop nue,
Trop cynique ; ces bonnes gens,
Moins naturels, seraient plus sages.
A l'Amour quels tristes hommages !
Les malheureux n'ont que des sens.
Quoi ! jamais de jalouses craintes ?
Jamais de refus ni de plaintes ?
Point d'obstacles, point d'importuns ?
La rose est ici sans piqûre,
Mais sans couleur et sans parfums.
Un peu d'art sied à la nature ;
Oui, sur l'étoffe de l'amour
Elle permet la broderie.
Adieu donc, adieu sans retour
A toute la sauvagerie,
Bonne dans les romans du jour. »

Hélas ! elle n'en est pas quitte,
Et se trouve, non sans regrets,
Parmi les nouveaux Zélandais.
La peuplade qu'elle visite
D'une zagaie arme sa main,
Y joint une hache pesante,
Et marche fière et menaçante
Contre le repaire voisin.
Femmes, enfans, et leurs chiens même,

Tout combat, l'ardeur est extrême,
Chez Céline extrême la peur.
Les siens sont battus; le vainqueur
Saisit sa belle et douce proie;
Il touche, en grimaçant de joie,
La jambe, les mains et les bras;
Il touche aussi la gorge nue,
Et dit : « Elle est jeune et dodue;
Pour nous quel bonheur, quel repas! »
Elle frémit, et sur sa tête,
Ses cheveux se dressent; Morphel
Dérange ce festin cruel;
En Chine elle fuit et s'arrête.

Près d'elle passe un Mandarin,
Qui la voit, l'emmène et l'épouse.
Il n'aimait pas; mais à Pékin
L'indifférence est très jalouse.
Céline d'un brillant palais
Devient la reine; hélas! que faire,
Dans un grand palais solitaire,
D'une royauté sans sujets?
D'honneurs lointains on l'environne,
A ses beaux yeux à peine on donne
Du jour quelques faibles rayons,
Et dans le fer on emprisonne
La blancheur de ses pieds mignons.
L'époux du moins est-il fidèle?
Touche-t-il à ce doux trésor,
Et sait-il que sa femme est belle?
Point; il achète au poids de l'or
Une guenon et pis encor.

Bon Morphel, hâtez-vous; Céline
Jamais n'habitera la Chine.
Il est sans doute moins jaloux,

Et plus brave il sera plus doux,
Le fier et vagabond Tartare,
Vainqueur des Chinois si rusés,
Si nombreux, et nommé barbare
Par ces fripons civilisés.
D'une cabane solitaire
S'approche la belle étrangère;
Elle entre; quoi! point d'habitans?
Vient un jeune homme, en trois instans
Elle est amante, épouse, mère :
En voyage on abrége tout.
Plaignons cette mère nouvelle.
« Du ménage le soin t'appelle,
Dit son Tartare; allons, debout! »
Elle se lève, il prend sa place,
Hume le julep efficace,
Avale un bouillon succulent,
Puis un autre, craint la froidure,
Dans les replis d'une fourrure
S'enfonce, parle d'un ton lent'
Tient sur sa poitrine velue,
Et berce dans sa large main,
L'enfant que sa mère éperdue
Abandonne et reprend soudain;
Reçoit la bruyante visite
De l'ami qui le félicite,
Des parens et des alentours;
Et pendant tous ces longs discours,
La jeune épouse qu'on délaisse
S'occupe, malgré sa faiblesse,
De l'accouché qui boit toujours.
« A ce sot usage, dit-elle;
Il faudra bien s'accoutumer.
Mon époux du reste est fidèle,
Point négligent; on peut l'aimer. »
Tout en aimant, dans leur chaumière

Leur bienveillance hospitalière
Admet un soir deux voyageurs,
L'un vieux, l'autre jeune : on devine
Qu'avec grâce et gaîté Céline
Du souper leur fait les honneurs.
Sa curiosité naïve
Les écoute et devient plus vive.
Mais pendant les récits divers,
Sur leurs yeux les pavots descendent,
Et séparément ils s'étendent
Sur des joncs de peaux recouverts.
La Tartarie est peu jalouse.
« Va, dit-elle à la jeune épouse,
Offre tes attraits au plus vieux:
— Y pensez-vous? — Un rien t'étonne.
Va, l'hospitalité l'ordonne.
— Vous y consentez? — Je fais mieux,
Je l'exige. — Mais il faut plaire,
Pour être aimé; sans le désir,
Comment peut naître le plaisir?
Je n'en ai point. — Tant pis, ma chère;
Il en aura, lui, je l'espère.
S'il n'en avait pas! sur mon front
Quel injuste et cruel affront! »
Elle obéit, non sans scrupule,
Et revient un moment après.
« Déjà? dit l'époux; tes attraits....
— Votre coutume est ridicule,
Et vous en êtes pour vos frais.
— L'insolent! s'il paraît coupable,
Son âge est une excuse. — Non.
La fatigue... — Belle raison!
— Cependant le sommeil l'accable.
— J'y mettrai bon ordre; un bâton! »
A grands coups il frappe, réveille,
Chasse, poursuit le voyageur,

LE VOYAGE DE CELINE.

Et venge son étrange honneur.
Puis il dit : « L'autre aussi sommeille ;
Mais avant tout il voudra bien
Faire son devoir et le mien.
Va. — Peux-tu...? — Point de remontrance.
J'ai cru qu'on savait vivre en France. »
Tout s'apprend ; à vivre elle apprit.
L'étranger poursuit son voyage ;
A sa femme docile et sage
Le mari satisfait sourit,
Et dit d'une voix amicale :
« Écoute : la foi conjugale
A l'usage doit obéir ;
Mais à présent il faut, ma chère,
Expier ta nuit, et subir
Une pénitence légère. »
Le houx piquant arme sa main ;
Son épouse répand des larmes,
Et les larmes coulaient en vain ;
Aux fouets Morphel soustrait ses charmes.

Voici l'Inde ; spectacle affreux !
Que veulent ces coquins de Brames,
D'un bûcher excitant les flammes,
Et ce peuple abruti par eux ?
« La victime est jeune et jolie,
Répète Céline attendrie :
Je la plains, et l'usage a tort.
On doit pleurer un mari mort,
Et sans lui, détester la vie ;
Mais le suivre ! c'est par trop fort. »

Vers Ceylan l'orage la pousse.
La loi dans cette île est très douce,
Et deux maris y sont permis.
Céline plaît à deux amis.

Entre eux ils disent : « Femme entière
Pour chacun de nous est trop chère ;
Partageons; à son entretien
Alors suffira notre bien.
Si l'épouse est active et sage,
Les soins, les comptes du ménage,
Par elle seront mieux réglés :
Les garçons toujours sont volés. »
Que fait Céline ? Une folie.
Mais l'amour jamais en Asie
Ne se file; point de délais;
Et voilà nos deux Chingulais
Mariés par économie.
La beauté partout a des droits :
Pour Céline le premier mois
Fut neuf et vraiment admirable,
Le second seulement passable,
Le troisième assez misérable,
Le quatrième insupportable.
« J'aurais dû prévenir ces dégoûts,
Dit-elle; quel sot mariage !
L'homme qui consent au partage
N'est point amant, pas même époux.
Au public je parais heureuse :
J'ai de beaux schals, un bel écrin,
Et dans mon léger palanquin
Je sors brillante et radieuse ;
Je suis maîtresse à la maison,
Mais toujours seule : ma raison
Sait juger les lois politiques,
Et les abus enracinés;
Dans les états bien gouvernés,
Il n'est point de filles publiques. »
Passons-lui cet arrêt léger,
Ne fut-ce que pour abréger.
Jeune femme que l'on offense

Trouve aisément à se venger;
Mais, quoique juste, la vengeance
Pour elle n'est pas sans danger.
Chez leur épouse avec mystère
Les deux amis entrent un soir.
Que veulent-ils? Le froid devoir
A la beauté pourrait il plaire?
Au devoir ils ne pensent guère.
A quoi donc? Vous l'allez savoir :
L'un d'opium tient un plein verre,
L'autre un lacet; il faut choisir.
Non, répond-elle, il faut partir.

Elle part, vole, voit l'Afrique,
Passe le brûlant équateur,
Et, chez un peuple pacifique,
Trouve l'amour et le bonheur.
Est-il de bonheur sans nuage?
Son amant l'observe de près,
Il craint; et, fidèle à l'usage,
Il s'adresse à l'aréopage,
Composé de vieillards discrets.
En pompe on vient prendre Céline,
Et dans le temple on la conduit.
Blanche et triste y sera sa nuit :
De l'inconstance féminine
L'ange correcteur descendra,
Et Céline s'en souviendra.
En effet, il vient; notre belle,
Tombant sous sa robuste main,
Frissonne, et la verge cruelle
Va punir un crime incertain:
Du pays c'est l'usage étrange.
Mais, par un miracle imprévu,
Un éclat soudain répandu
Remplit le temple; voilà l'ange

Qui s'échappe sans dire un mot;
Et Céline crie aussitôt :
« Quoi ! c'est mon amant ? Quel outrage !
Quelle ruse ! quoique sauvage,
Ma foi, ce peuple n'est point sot. »

Fuyez, le danger peut renaître.
On parle d'un peuple voisin;
Chez ce peuple la loi peut-être
Vous accorde un plus doux destin.
Il faut tout voir et tout connaître.
Elle arrive, et sourit d'abord.
Point de princes, mais des princesses
Dont les refus ou les caresses
De leurs époux règlent le sort.
L'époux n'a qu'un mince partage.
De sa femme empruntant l'éclat,
Prince sans cour et sans éclat,
Il plaît, c'est son seul apanage;
Amour éternel et soumis,
C'est sa dette; de par l'usage,
A l'épouse tout est permis,
A l'époux rien ; veillé par elle,
S'il s'avise d'être infidèle,
Le voilà déprincipisé,
Battu, proscrit et méprisé.
Vous soupirez, belle Céline !
Qu'avez-vous donc, Je le devine.
Il faut un trône à la beauté ;
Qu'elle règne c'est son partage ;
Mais ce principe clair et sage,
Par les poètes adopté,
Et dans les chansons répété,
N'a point encor changé l'usage;
L'usage est un vieil entêté.
« Ce pays, si j'étais princesse,

Dit Céline, me plairait fort ;
Mais des autres femmes le sort,
Comme ailleurs m'afflige et me blesse.
Que je hais la loi du plus fort ! »
Si la force, frondeuse aimable,
Est parfois injuste pour vous,
La loi du plus faible, entre nous,
Serait-elle bien équitable ?
Sur ce point on disputera,
Et jamais on ne s'entendra.

Femme jolie est difficile.
Morphel, toujours preste et docile,
La transporte plus loin, plus près,
Je ne sais où : dans cet asile
Ses vœux seront-ils satisfaits ?
Un peuple immense l'environne ;
D'or et de myrte on la couronne ;
Avec pompe sur un autel
Un groupe amoureux la dépose ;
A ses pieds qui foulent la rose
On brûle un encens solennel ;
Les hymnes montent jusqu'au ciel :
« Jadis dans ses plus beaux ouvrages
L'homme adora le Créateur,
Mais du jour l'astre bienfaiteur
Avait-il droit à tant d'hommages ?
Femmes, nos vœux reconnaissans
Réparent cette longue injure :
Doux chef-d'œuvre de la nature,
Reçois notre éternel encens. »
« Messieurs, dit-elle, quel prodige ;
Chez les plus forts tant de raison,
Tant de justice ! Mais où suis-je ?
De ce pays quel est le nom ? »
Une voix lui répond : « Princesse,

Reine, impératrice, déesse,
Régnez sur un peuple d'amans.
Pour les hommes sont la tristesse,
L'espoir timide, les tourmens,
La folle et jalouse tendresse,
Et l'esclavage des sermens;
Pour vous toujours nouvelle ivresse,
Toujours nouveaux enchantemens,
Mêmes attraits, même jeunesse;
Et les plaisirs pour votre altesse
En jours changeront leurs momens :
Elle est au pays des romans. »

Tout disparaît, et c'est dommage.
Cet épisode du voyage
Coûte à Céline quelques pleurs.
Pour la distraire, au loin son guide
La promène d'un vol rapide.
Dans un bois d'orangers en fleurs,
Qu'un vent doux rafraîchit sans cesse,
Elle entre, et dit : « Lieux enchanteurs !
Où sont vos heureux possesseurs ? »
Passent un Caffre et sa maîtresse.
Quelle maîtresse ! Pour cheveux,
L'épaisseur d'une courte laine;
Pour habit, des signes nombreux
Imprimés sur la peau d'ébène;
Le front et le nez aplatis,
Des deux lèvres la boursouflure,
Bouche grande et les yeux petits,
Un sein flottant sur la ceinture;
Bref, le fumet de la nature,
Et ses gestes trop ingénus;
Chez les Caffres telle est Vénus.
L'orgueil est parfois raisonnable :
Céline donc de sa beauté

Prévoit l'effet inévitable,
Et craint un viol effronté.
Touchantes, mais vaines alarmes!
A l'aspect de ces nouveaux charmes,
L'Africain recule surpris,
De la surprise passe aux ris,
Et dit : « O l'étrange figure!
D'où vient cette caricature?
Ils sont plaisans ces cheveux blonds,
Flottant presque jusqu'aux talons.
Quelle bouche! on la voit à peine.
Jamais sein, chez l'espèce humaine,
D'une orange eut-il la rondeur?
Vive une molle négligence!
Des yeux bleus! Quelle extravagance!
Blanche et rose! Quelle fadeur!
Va, guenon, cache ta laideur. »
Céline, étouffant de colère,
S'enfuit, et ne pouvant mieux faire :
« Ce pays, malgré son beau ciel,
Malgré son printemps éternel,
De tous est le moins habitable. »
Elle dit : l'ange secourable
De ces mots devine le sens;
Il l'enlève, et tandis qu'il vole,
Par quelques grains d'un doux encens
Sa bienveillance la console.
Céline, moins timide alors,
Regarde son guide, soupire,
Et son trouble en vain semble dire
Pourquoi n'avez-vous pas un corps?

Dans les plaines de la Syrie
Enfin la dépose Morphel.
Partout on rencontre Israël;
Israël la trouve jolie,

La mène au marché de Damas,
Et met en vente ses appas.
Auriez-vous donc un prix, Céline?
Un gros Turc arrive en fumant,
De la tête aux pieds l'examine,
Toujours fume, et dit froidement,
« Est-elle vierge? — Non, Française.
— Combien? — Mille piastres. — Ah, juif!
— Grâce et gentillesse. — Fadaise.
— Le regard doux et fin. — Trop vif.
J'aimerais mieux une maîtresse
D'esprit et de corps plus épaisse.
Mais passons sur ce dernier point :
Du repos; un mois d'épinettes,
Et de baume force boulettes,
Doubleront ce mince embonpoint.
Trois cents piastres. — Par le prophète,
Je suis des juifs le plus honnête,
Et je veux au-fond des enfers
Tomber vivant... — Point de blasphème;
Adieu. — Cinq cents? — Trois cents, et même...
— Allons, prenez-la; mais j'y perds. »
L'autre paie, à regret peut-être,
Et lentement s'éloigne; en maître
A sa porte il frappe trois coups :
Aussitôt se meuvent et crient
Serrures, barres et verroux.
Pauvre Céline, où tombez-vous!
Trois rivales? elles sourient,
Mais de dépit, et le courroux
S'allume dans leurs yeux jaloux.
L'injure peut-être allait suivre;
Le Mustapha, sans s'émouvoir,
D'un mot les rend à leur devoir :
« Paix et concorde, ou je vous livre
Aux fouets du vieil eunuque noir. »

En vain leur fierté mécontente
Fit valoir ses droits au mouchoir;
Il fallut à la débutante
Céder le rôle et le boudoir.
Point de premier acte en Turquie;
La Française y tenait un peu,
Le Musulman siffle son jeu,
Et se fâche; la comédie
Devient drame, et puis tragédie.
Céline donc, par dénoûment,
Prend un stylet de diamant,
Le laisse échapper, le relève,
S'éveille avant le coup fatal,
Et s'écrie: « Ah! c'est toi, Dorval?
Après je te dirai mon rêve. »

Malgré quelques légers dégoûts,
Mesdames, demeurez en France.
Le pays de la tolérance
Est-il sans agrémens pour vous?
Trop souvent un épais nuage
Obscurcit le ciel des amours,
Et sur l'hymen gronde l'orage;
Mais si vous donnez les beaux jours,
Convenez-en, presque toujours
Les tempêtes sont votre ouvrage:
Quelle imprévoyance, et parfois
Quelle erreur dans vos premiers choix!
L'ennui peut paraître incommode:
Le mot de mœurs est à la mode,
La moralité vous poursuit;
En prose, en vers, même en musique,
Sans goût, sans cause, on vous critique,
Sans fin, sans trève, on vous instruit;
Maint vieux libertin émérite,
Maint petit rimeur hypocrite,

Maint abonné dans maint journal,
De vos plaisirs, de vos parures,
De vos talens, de vos lectures,
Se fait contrôleur général :
Eh bien! a tout cela quel mal ?
De vous ces gens n'approchent guère,
Et vous ne lisez pas, j'espère,
Un sot qui croit être moral.
Cessez donc, vos plaintes, Mesdames,
L'infatigable Église jadis
A vos corps si bien arrondis
Durement refusa des âmes;
De ce concile injurieux
Subsiste encor l'arrêt suprême;
Qu'importe? Vous charmez les yeux,
Le cœur, les sens, et l'esprit même;
Des âmes ne feraient pas mieux.

MÉLANGES.

A MON FRÈRE.

Rio-Janéiro, septembre 1773.

Tu seras sans doute étonné de recevoir une lettre de moi datée de Rio-Janéiro. Depuis notre depart de l'Orient, les vents nous ont été absolument contraires ; ils nous ont poussés d'abord sur la côte d'Afrique, que nous devions éviter. Le 3 juillet nous nous croyions encore à soixante-quinze lieues de cette côte. La nuit, par un bonheur des plus marqués, fut très belle : aucun nuage ne nous dérobait la clarté de la lune, et nous en avions grand besoin. A deux heures et demie du matin, un soldat qui fumait sur le pont découvre la terre à une petite demi-lieue devant nous. Il ventait beaucoup, et le navire, contre son ordinaire, s'avisait de faire deux lieues par heure. Cette terre est la côte de *Maniguette*, située sous le cinquième degré de latitude septentrionale ; c'est un pays plat, et qui ne peut être aperçu qu'à une très petite distance ; on distinguait sans peine des cabanes, des hameaux et des rivières. Tu penses bien que le premier soin fut de virer de bord ; un moment après on jeta la sonde, et l'on ne trouva que sept brasses de fond. Reconnaissance éternelle à la pipe du soldat! Si le vaisseau avait encore parcouru quatre fois sa longueur, c'en était fait de nous, et j'aurais servi de déjeuner à quelque requin affamé. *Di meliora!*

Nous avons ensuite traversé avec une rapidité singulière le canal de neuf cents lieues qui sépare les côtes d'Afrique de celles du Brésil, et nous sommes venus à pleines voiles mouiller sur le banc des

Abralhos. Nous avions tout auprès de nous des rochers fameux par plus d'un naufrage, sur lesquels les courans nous entraînaient. Cette position était critique, et nous commencions à perdre l'espérance, lorsque des pêcheurs portugais, qui se trouvaient par hasard dans ces parages, nous indiquèrent la véritable route.

Nous manquions d'eau, et une grande partie de l'équipage était attaquée du scorbut : il fut décidé que nous relâcherions à Rio-Janéiro. Nous découvrîmes le soir même la petite île du *Repos*, qui n'est qu'à quatre lieues de la terre ferme. L'île du Repos ! que ce nom flatte agréablement l'oreille et le cœur ! bonheur, aimable tranquillité, s'il était vrai que vous fussiez renfermés dans ce point de notre globe, il serait le terme de ma course ; j'irais y ensevelir pour jamais mon existence ; inconnu à l'univers, que j'aurais oublié, j'y coulerais des jours aussi sereins que le ciel qui les verrait naître ; je vivrais sans désirs, et je mourrais sans regrets.

C'est ainsi que je m'abandonnais aux charmes de la rêverie, et mon âme se plaisait dans ces idées mélancoliques, lorsque, reprenant tout-à-coup leur cours naturel, mes pensées se tournèrent vers Paris. Adieu tous mes projets de retraite ; l'île du Repos ne me parut plus que l'île de l'Ennui ; mon cœur m'avertit que le bonheur n'est pas dans la solitude; et l'Espérance vint me dire à l'oreille : Tu les reverras ces Épicuriens aimables qui portent en écharpe le ruban gris-de-lin, et la grappe de raisin couronnée de myrte ; tu la reverras cette maison, non pas de plaisance, mais de plaisir, où l'œil des profanes ne pénètre jamais ; tu la reverras

Cette *caserne*, heureux séjour
Où l'Amitié, par prévoyance,

Ne reçoit le fripon d'Amour
Que sous serment d'obéissance ;
Où la paisible Égalité.
Passant son niveau favorable
Sur les droits de la Vanité,
Ne permet de rivalité
Que dans les combats de la table,
Où l'on ne connaît d'ennemis
Que la Raison toujours cruelle ;
Où Jeux et Ris font sentinelle
Pour mettre en fuite les Ennuis ;
Où l'on porte, au lieu de cocarde,
Un feston de myrte naissant,
Un thyrse au lieu de hallebarde,
Un verre au lieu de fourniment ;
Où l'on ne fait jamais la guerre
Que par d'agréables bons mots
Lancés et rendus à propos ;
Où le vaincu, dans sa colère,
Du nectar fait couler les flots,
Et vide insolemment son verre
A la barbe de ses rivaux.
Cette ordonnance salutaire
Est écrite en lettres de fleurs
Sur la porte du sanctuaire,
Et mieux encor dans tous les cœurs :

« De par nous, l'Amitié fidèle,
Et plus bas, Bacchus et l'Amour ;
Ordonnons qu'ici chaque jour
Amène une fête nouvelle ;
Que l'on y pense rarement,
De peur de la mélancolie ;
Qu'on y préfère sagement
A la Sagesse la Folie,
A la Raison le Sentiment ;

Et qu'on y donne à la Paresse,
A l'art peu connu de jouir,
Tous les momens de la jeunesse :
Car tel est notre bon plaisir. »

Le lendemain le vent augmenta ; le ciel était sombre ; tout annonçait un gros temps. Pendant la nuit le tonnerre se fit entendre de trois côtes différens, et les lames couvraient quelquefois le vaisseau dans toute sa longueur. Réveillé par le bruit de la tempête, je monte sur le pont. Nous n'avions pas une seule voile, et cependant le navire faisait trois lieues par heure. Peins-toi réunis le sifflement du vent et de la pluie, les éclats du tonnerre, le mugissement des flots qui venaient se briser avec impétuosité contre le vaisseau, et un bourdonnement sourd et continuel dans les cordages ; ajoute à tout cela l'obscurité la plus profonde, et un brouillard presque solide que l'ouragan chassait avec violence ; et tu auras une légère idée de ce que j'observais alors tout à mon aise. Je t'avoue que dans ce moment je me suis dit tout bas, *Illi robur et œs triplex*. Vers les trois heures la tempête fut dans toute sa force ; de longs éclairs tombaient sur le gaillard, et y laissaient une odeur insupportable ; la mer paraissait de feu ; un silence effrayant régnait sur le pont ; on n'entendait que la voix de l'officier de quart qui criait par intervalle, *stribord*, *bâbord*. Ce grain dura une demi-heure, et il fut tout-à-coup terminé par un grand calme.

Nous gagnâmes enfin la rade de Rio-Janéiro, et nous envoyâmes demander au vice-roi la permission d'y entrer : cette précaution est nécessaire à tous les vaisseaux étrangers qui veulent y relâcher. Ces gens-ci se ressouviennent de Dugay-Trouin.

L'entrée de cette rade offre le spectacle le plus

imposant et le plus agréable; des forts, des retranchemens, des batteries, des montagnes et des collines couvertes de bananiers et d'orangers, et de jolies maisons de campagne dispersées sur ces collines.

Nous eûmes dans la matinée une audience publique du vice-roi. Le palais est vaste; mais l'extérieur et ce que j'ai vu de l'intérieur ne répondent pas à la richesse de la colonie. On nous reçut d'abord avec cérémonie dans une grande avant-salle; puis un rideau se leva, et nous laissa voir le vice-roi environné de toute sa cour. Il nous reçut poliment, accorda au capitaine la relâche, et aux passagers la permission de se promener dans la ville. Après l'audience, nous fîmes des visites militaires, et nous revînmes dîner à bord. Il nous est défendu de manger à terre, et encore plus d'y coucher.

La ville est grande, les maisons sont basses et mal bâties, les rues bien alignées, mais fort étroites.

Après midi nous descendîmes à terre; trois officiers vinrent nous recevoir sur le rivage; c'est l'usage ici, les étrangers sont toujours accompagnés. Nous allâmes à une foire qui se tient à une demi-lieue de la ville. Chemin faisant, j'eus le plaisir de voir plusieurs Portugaises qui soulevaient leurs jalousies poour nous examiner. Il y en avait très peu de jolies; mais une navigation de trois mois, et la difficulté de les voir, les rendaient charmantes à mes yeux.

On ne trouvait à cette foire que des pierreries mal taillées, mal montées, et d'un prix excessif. Pendant que nous portions de tous côtés nos regards, un esclave vint prier nos conducteurs de nous faire entrer dans un jardin voisin. Nous y trouvâmes quatre tentes bien dressées. La première renfermait une chapelle dont tous les meubles étaient d'or et d'argent massif, et travaillés avec un goût exquis. La seconde contenait quatre lits : les rideaux étaient d'une étoffe précieuse de Chine peinte dans le pays, les couvertures de damas enrichi de franges et de glands d'or, et les draps d'une mousseline brodée garnie de dentelle. La troisième servait de cuisine, et tout y était d'argent. Quand j'entrai dans la quatrième, je me crus transporté dans un de ces palais de fée bâti par les romanciers. Dans les quatre angles étaient quatre buffets chargés de vaisselle d'or, et de grands vases de cristal qui contenaient les vins les plus rares; la table était couverte d'un magnifique sur-tout, et des fruits d'Europe et d'Amérique.

La gaîté qui régnait parmi nous ajoutait encore à l'illusion. Tout ce que je mangeai me parut délicieux et apprêté par la main des génies; je croyais avaler le nectar; et pour achever l'enchantement il ne manquait plus qu'une Hébé. Nous sortîmes de ce lieu de délices en remerciant le dieu qui les faisait naître. Ce dieu est un seigneur âgé d'environ cinquante ans. Il est puissamment riche, mais il doit plus qu'il ne possède. Sa seule passion est de manger son bien et celui des autres dans les plaisirs et la bonne chère. Il fait transporter ses tentes partout où il croit pouvoir s'amuser, et il décampe aussitôt qu'il s'ennuie. Cet homme-là est un charmant Épicurien; il est digne de porter le ruban gris-de-lin.

Même fête le lendemain, mais beaucoup plus brillante; parce qu'il avait eu le temps de la préparer; cependant pas un seul minois féminin.

Nous fîmes aussi plusieurs visites qui remplirent agréablement la soirée. Les femmes nous reçoivent on ne peut mieux, et comme des animaux curieux qu'on voit avec plaisir. Elles sont toutes très brunes; elles ont de beaux cheveux relevés négligemment, un habillement qui plaît par sa simplicité, de grands yeux noirs et voluptueux ; et leur caractère, naturellement enclin à l'amour, se peint dans leur regard.

Nous eûmes hier un joli concert suivi d'un bal : on ne connaît ici que le menuet. J'eus le plaisir d'en danser plusieurs avec une Portugaise charmante de seize ans et demi : elle a une taille de nymphe, une physionomie piquante, *et la grâce plus belle encore que la beauté :* on la nomme *dona Theresa.*

Je ne te dirai rien des églises, les Portugais sont partout les mêmes ; elles sont d'une richesse étonnante ; il n'y manque que des siéges.

J'aurais été charmé de connaître l'opéra de Rio-Janéiro ; mais le vice-roi n'a jamais voulu nous permettre d'y aller.

Ce pays-ci est un paradis terrestre ; la terre y produit abondamment les fruits de tous les climats ; l'air y est sain ; les mines d'or et de pierreries y sont très nombreuses : mais à tous ces avantages il en manque un, qui seul peut donner du prix aux autres, c'est la liberté : tout ici est dans l'esclavage ; on y peut entrer, mais on n'en sort guère. En général les colons sont mécontens et fatigués de leur sort.

Nous quittons demain cette rade, et nous faisons voile pour l'île de Bourbon ; nous relâcherons peut-être au cap de Bonne-Espérance.

Adieu, mon frère et mon ami ; aime-moi toujours, et ne voyage jamais par mer.

A BERTIN.

Du Cap de Bonne Espérance, octobre 1775.

C'est ici que l'on voit deux choses bien cruelles,
Des maris ennuyeux et des femmes fidèles,
Car l'Amour, tu le sais, n'est pas luthérien.
C'est ici qu'alentour d'une vaste théière,
Près d'un large fromage et d'un grand pot à bière,
L'on digère, l'on fume, et l'on ne pense à rien.
C'est ici que l'on a santé toujours fleurie,
Visage de chanoine, et pense rebondie.
C'est dans ces lieux enfin qu'on nous fait aujourd'hui
Avaler à longs traits le *constance* et l'ennui.

On a bien raison de dire, *chaque pays, chaque mode.* En France, les filles ne s'observent que dans l'extérieur; l'amant est toujours celui que l'on reçoit avec le plus de froideur; c'est celui auquel on veut faire le moins d'attention, et de l'air le plus décent et le plus réservé on lui donne un rendez-vous pour la nuit : ici tout au rebours, vous êtes accueilli avec un air d'intelligence et d'amitié qui parmi nous signifierait beaucoup; vos yeux peuvent s'expliquer en toute assurance, on leur répond sur le même ton; on vous passe le baiser sur la main, sur la joue, même celui qui semble le plus expressif; enfin on vous accorde tout, excepté la seule chose qui s'accorde parmi nous.

Que faire donc? je ne fume jamais; la fidélité matrimoniale est bien ennuyeuse; dans une intrigue où le cœur n'est que chatouillé on ne vise qu'au dénoûment: la promenade est mon unique plaisir; triste plaisir à vingt ans! Je la trouve dans un jardin magnifique, qui n'est fréquenté que par les oiseaux les Dryades et les Faunes : les divinités de ces lieux s'étonnent de me voir sans pipe et un livre à la main. C'est là que je jouis encore par le souvenir de ces momens passés avec toi, des douceurs de notre amitié, de nos folies, et des charmes de la *caserne*; c'est là que je t'écris, tandis que tu m'oublies peut-être dans Paris;

>Tandis qu'entouré de plaisirs,
Toujours aimé, toujours aimable,
Tu sais partager tes loisirs
Entre les Muses et la table.
Adieu ; conserve tous ces goûts ;
Vole toujours de belle en belle,
Au Parnasse fait des jaloux,
A l'Amitié reste fidèle.
Puisses-tu dans soixante hivers
Cueillir les fleurs de la jeunesse,
Caresser encor ta maîtresse,
Et la chanter en jolis vers!

AU MÊME.

De l'île de Bourbon, janvier 1775.

Tu veux donc, mon ami, que je te fasse connaître la patrie ? tu veux que je te parle de ce pays ignoré, ue tu chéris encore parce que tu n'y es plus ? je ais tâcher de te satisfaire en peu de mots :

L'air est ici très sain; la plupart des maladies y nt totalement inconnues; la vie est douce, uni-orme, et par conséquent fort ennuyeuse ; la nourriture est peu variée; nous n'avons qu'un petit nombre de fruits, mais ils sont excellens.

Ici ma main dérobe à l'oranger fleuri
Ces pommes dont l'éclat séduisit Atalante;
   Ici l'ananas plus chéri
Élève avec orgueil sa couronne brillante;
De tous les fruits ensemble il réunit l'odeur.
   Sur ce coteau l'atte pierreuse
Livre à mon appétit une crême flatteuse;
La grenade plus loin s'entr'ouvre avec lenteur;
La banane jaunit sous sa feuille élargie;
La mangue me prépare une chair adoucie;
Un miel solide et dur pend au haut du dattier;
La pêche croît aussi sur ce lointain rivage;
Et, plus propice encor, l'utile cocotier
Me prodigue à la fois le mets et le breuvage.

Voilà tous les présens que nous fait Pomone : pour l'amante de Zéphyre, elle ne visite qu'à regret ces climats brûlans.

Je ne sais pourquoi les poètes ne manquent jamais d'introduire un printemps éternel dans les pays qu'ils veulent rendre agréables : rien de plus maladroit; la variété est la source de tous nos plaisirs, et le plaisir cesse de l'être quand il devient habitude. Vous ne voyez jamais ici la nature rajeunie; elle est toujours la même; un vert triste et sombre vous donne toujours la même sensation. Ces orangers, couverts en même temps de fruits et de fleurs, n'ont pour moi rien d'intéressant, parce que jamais leurs branches dépouillées ne furent blanchies par les frimas. J'aime à voir la feuille naissante briser son enveloppe légère; j'aime à la voir croître, se développer, jaunir et tomber. Le printemps plairait beaucoup moins s'il ne venait après l'hiver.

O mon ami! lorsque mon exil sera fini avec quel plaisir je reverrai *Feuillancour* au mois de mai avec quelle avidité je jouirai de la nature! avec quelles délices je respirerai les parfums de la campagne! avec quelle volupté je foulerai le gazon fleuri; les plaisirs perdus sont toujours les mieux sentis. Combien de fois n'ai-je pas regretté le chant du rossignol et de la fauvette! Nous n'avons ici que des oiseaux braillards, dont le cri importun attriste à la fois l'oreille et le cœur. En comparant ta situation à la mienne, apprends, mon ami, à jouir de ce que tu possèdes.

Nous avons, il est vrai, un ciel toujours pur et serein, mais nous payons trop cher cet avantage. L'esprit et le corps sont anéantis par la chaleur; tous leurs ressorts se relâchent; l'âme est dans un assoupissement continuel; l'énergie et la vigueur intérieures se disssipent par les pores. Il faut attendre le soir pour respirer; mais vous cherchez en vain des promenades.

D'un côté mes yeux affligés
N'ont pour se reposer qu'un vaste amphithéâtre
De rochers escarpés que le temps a rongés;
De rares abrisseaux, par les vents outragés,
Y croissent tristement sur la pierre rougeâtre,
Et des lataniers allongés
Y montrent loin à loin leur feuillage grisâtre.
Trouvant leur sûreté dans leur peu de valeur,
Là d'étiques perdereaux de leurs ailes bruyantes
Rasent impunément les herbes jaunissantes,
Et s'exposent sans crainte au canon du chasseur.
Du sommet des remparts dans les airs élancée,
La cascade à grand bruit précipite ses flots,
Et, roulant chez Thétis son onde courroucée,
Du Nègre infortuné renverse les travaux.
Ici, sous les confins des états de Neptune,
Où jour et nuit son épouse importune

Afflige les échos de longs mugissemens,
    Du milieu des sables brûlans
    Sortent quelques toits de feuillage ;
    Rarement le Zéphir volage
    Y rafraîchit l'air enflammé ;
Sous les feux du soleil le corps inanimé
    Reste sans force et sans courage.
    Quelquefois l'Aquilon bruyant,
    Sur ses ailes portant l'orage,
    S'élance du sombre orient ;
    Dans ses antres l'onde profonde
    S'émeut, s'enfle, mugit et gronde ;
    Au loin sur la voûte des mers
    On voit des montagnes liquides
S'élever, s'approcher, s'élancer dans les airs,
Retomber et courir sur les sables humides ;
Les flammes du volcan brillent dans le lointain :
    L'Océan franchit ses entraves,
Inonde nos jardins, et porte dans nos caves
Des poissons étonnés de nager dans le vin.

    Le bonheur, il est vrai, ne dépend pas des lieux qu'on habite ; la société, pour peu qu'elle soit douce et amusante, dédommage bien des incommodités du climat. Je vais essayer de te faire connaître celle qu'on trouve ici.

    Le caractère du Créole est généralement bon ; c'est dommage qu'il ne soit pas à même de le polir par l'éducation. Il est franc, généreux, brave, et téméraire. Il ne sait pas couvrir ses véritables sentimens du masque de la bienséance ; si vous lui déplaisez, vous n'aurez pas de peine à vous en apercevoir ; il ouvre aisément sa bourse à ceux qu'il croit ses amis ; n'étant jamais instruit des détours de la chicane, ni de ce qu'on nomme *les affaires*, il se laisse souvent tromper. Le préjugé du point d'honneur est respecté chez lui plus que partout ailleurs. Il est ombrageux, inquiet, et susceptible à l'excès; il se prévient facilement, et ne pardonne guère. Il a une adresse peu commune pour tous les arts mécaniques ou d'agrément; il ne lui manque que de s'éloigner de sa patrie, et d'apprendre. Son génie indolent et léger n'est pas propre aux sciences ni aux études sérieuses; il n'est pas capable d'application, et ce qu'il sait, il le sait superficiellement et par routine.

On ne se doute pas dans notre île de ce que c'est que l'éducation. L'enfance est l'âge qui demande de la part des parens le plus de prudence et le plus de soin : ici l'on abandonne les enfans aux mains des esclaves; ils prennent insensiblement les goûts et les mœurs de ceux avec qui ils vivent : aussi à la couleur près, très-souvent le maître ressemble parfaitement à l'esclave. A sept ans quelque soldat ivrogne leur apprend à lire, à écrire, et leur enseigne les quatre premières règles d'arithmétique; alors l'éducation est complète.

Le Créole est bon ami, amant inquiet, et mari jaloux. (Ce qu'il y a d'impayable, c'est que les femmes partagent ce dernier ridicule avec leurs époux, et que la foi conjugale n'en est pas mieux gardée de part et d'autre.) Il est vain et entêté; il méprise ce qu'il ne connaît pas, et il connaît peu de chose; il est plein de lui-même, et vide de tout le reste. Ici, dès qu'un homme peut avoir six pieds de maïs, deux cafiers, et un négrillon, il se croit sorti de la côte de saint Louis; tel qui galope à cru dans la pleine, une pipe à la bouche, en grand caleçon, et les pieds nus, s'imagine que le soleil ne se lève que pour lui. Ce fond d'orgueil et de suffisance vient de l'ignorance et de la mauvaise éducation.

D'ailleurs, accoutumé comme on l'est ici depuis

l'enfance à parler en maître à des esclaves, on n'apprend guère, ou l'on oublie aisément ce qu'exigent un égal et un supérieur. Il est difficile de ne pas rapporter de l'intérieur de son domestique un ton décisif, et cet esprit impérieux que révolte la plus légère contradiction. C'est aussi ce qui entretient cette paresse naturelle au Créole, qui prend sa source dans la chaleur du climat.

Le sexe, dans ce pays, n'a pas à se plaindre de la nature : nous avons peu de belles femmes, mais presque toutes sont jolies; et l'extrême propreté, si rare en France, embellit jusqu'aux laides. Elles ont, en général, une taille avantageuse et de beaux yeux. La chaleur excessive empêche les lis et les roses d'éclore sur leur visage; cette chaleur flétrit encore avant le temps d'autres attraits plus précieux : ici une femme de vingt-cinq ans en a déjà quarante. Il existe un proverbe exclusif en faveur des petits pieds; pour l'honneur de nos dames, je m'inscris en faux contre ce proverbe. Il leur faut de la parure, et j'ose dire que le goût ne préside pas toujours à leur toilette : la nature, quelque négligée qu'elle puisse être, est plus agréable qu'un art maladroit. Ce principe devrait aussi les guider dans les manières étrangères qu'elles copient, et dans toutes ces grâces prétendues où l'on s'efforce de n'être plus soi-même.

Les jalousies secrètes et les tracasseries éternelles règnent ici plus que dans aucun village de province; aussi nos dames se voient peu entre elles : on ne sort que pour les visites indispensables, car l'étiquette est ici singulièrement respectée : nous commençons à avoir une cérémonie, une mode, un bon ton.

L'enfance de cette colonie a été semblable à l'âge d'or; d'excellentes tortues couvraient la surface de l'île; le gibier venait de lui-même s'offrir au fusil; la bonne foi tenait lieu de code. Le commerce des

Européens à tout gâté. Le Créole s'est dénaturé insensiblement ; il a substitué à ses mœurs simples et vertueuses des mœurs polies et corrompues ; l'intérêt à désuni les familles ; la chicane est devenue nécessaire ; le chabouc a déchiré le nègre infortuné ; l'avidité a produit la fourberie ; et nous en sommes maintenant au siècle d'airain.

Je te sais bon gré, mon ami, de ne pas oublier les Nègres dans les instructions que tu me demandes ; ils sont hommes, ils sont malheureux ; c'est avoir bien des droits sur une âme sensible. Non, je ne saurais me plaire dans un pays où mes regards ne peuvent tomber que sur le spectacle de la servitude, où le bruit des fouets et des chaînes étourdit mon oreille et retentit dans mon cœur. Je ne vois que des tyrans et des esclaves, et je ne vois pas mon semblable. On troque tous les jours un homme contre un cheval : il est impossible que je m'accoutume à une bizarrerie si révoltante. Il faut avouer que les Nègres sont moins maltraités ici que dans nos autres colonies ; ils sont vêtus ; leur nourriture est saine et assez abondante ; mais ils ont la pioche à la main depuis quatre heures du matin jusqu'au coucher du soleil ; mais leur maître, en revenant d'examiner leur ouvrage, répète tous les soirs : « Ces gueux-là ne travaillent point ; » mais ils sont esclaves, mon ami ; cette idée doit bien empoisonner le maïs qu'ils dévorent et qu'ils détrempent de leur sueur. Leur patrie est à deux cents lieues d'ici ; ils s'imaginent cependant entendre le chant des coqs et reconnaître la fumée des pipes de leurs camarades. Ils s'échappent quelquefois au nombre de douze ou quinze, enlèvent une pirogue, et s'abandonnent sur les flots. Ils y laissent presque toujours la vie ; et c'est peu de chose lorsqu'on a perdu la liberté. Quelques uns cependant sont arrivés à Madagascar; mais leurs compatriotes les ont tous massacrés, disant qu'ils revenaient d'avec les blancs, et qu'ils avaient trop d'esprit. Malheureux! ce sont plutôt ces mêmes blancs qu'il faut repousser de vos paisibles rivages. Mais il n'est plus temps; vous avez déjà pris nos vices avec nos piastres. Ces misérables vendent leurs enfans pour un fusil ou pour quelques bouteilles d'eau-de-vie.

Dans les premiers temps de la colonie, les Nègres se retiraient dans les bois, et de là ils faisaient des incursions fréquentes dans les habitations éloignées. Aujourd'hui les colons sont en sûreté. On a détruit presque tous les *marrons*; des gens payés par la commune en font leur métier, et ils vont à la chasse des hommes aussi gaîment qu'à celle des merles.

Ils reconnaissent un Être suprême. On leur apprend le catéchisme; on prétend leur expliquer l'Évangile; Dieu sait s'ils en comprenent le premier mot! on les baptise pourtant, bon gré, malgré, après quelques jours d'instruction qui n'instruit point. J'en vis un dernièrement qu'on avait arraché de sa patrie depuis sept mois; il se laissait mourir de faim. Comme il était sur le point d'expirer, et très éloigné de sa paroisse, on me pria de lui conférer le baptême. Il me regarda en souriant, et me demanda pourquoi je lui jetais de l'eau sur la tête; je lui expliquai de mon mieux la chose; mais il se tourna d'un autre côté, disant en mauvais français: Après la mort tout est fini, du moins pour nous autres Nègres; je ne veux point d'une autre vie, car peut-être y serais-je encore votre esclave.

> Mais sur cet affligeant tableau,
> Qu'à regret ma main continue,
> Ami, n'arrêtons point la vue,

Et tirons un épais rideau ;
Dégageons mon âme oppressée
Sous le fardeau de ces ennuis :
Sur les ailes de la Pensée
Dirigeons mon vol à Paris,
Et revenons à la *caserne*,
Aux gens aimables, au Falerne,
A toi, le meilleur des amis,
A toi, qui du sein de la France
M'écris encor dans ces déserts,
Et que je vois bâiller d'avance
En lisant ma prose et mes vers.

Que fais-tu maintenant dans Paris ? Tandis que le soleil est à notre zénith, l'hiver vous porte à vous autres la neige et les frimats. Réalise-tu ces *projets d'orgie* auxquels on répond par de jolis vers et par de bons vins ? Peut-être qu'entouré de tes amis et des miens, amusé par eux, tu les amuses à ton tour par tes *congés* charmans.

Peut-être hélas ! dans ce moment,
Où ma plume trop paresseuse
Te griffonne rapidement
Une rime souvent douteuse,
Assiégeant un large pâté
D'Alsace, arrivé tout à l'heure,
Vous buvez frais à ma santé,
Qui pourtant n'en est pas meilleure.

Dans ce pays le temps ne vole pas, il se traîne ; l'Ennui lui a coupé les ailes. Le matin ressemble au soir, le soir ressemble au matin ; et je me couche avec la triste certitude que le jour qui suit sera semblable en tout au précédent. Mais il n'est pas éloigné cet heureux moment où le vaisseau qui me rapportera vers la France sillonnera légèrement la surface des flots. Soufflez alors, enfans impétueux de Borée, enflez la voile tendue. Et vous, aimables Néréides, poussez de vos mains bienfaisantes mon rapide gaillard. Vous rendîtes autrefois ce service aux galères d'Énée, qui le méritait moins que moi. Je ne suis pas tout-à-fait si pieux; mais je n'ai pas trahi ma Didon. Et vous, ô mes amis! lorsque l'Aurore, prenant une robe plus éclatante, vous annoncera l'heureux jour qui doit me ramener dans vos bras, qu'une sainte ivresse s'empare de vos âmes :

D'une guirlande nouvelle
Ombragez vos jeunes fronts;
Et qu'au milieu des flacons
Brille le myrte fidèle.
Qu'auprès d'un autel fleuri
Chacun d'une voix légère
Chante pour toute prière,
Regina potens Cypri;
Puis venant à l'accolade
D'un ami ressuscité,
Par une triple rasade,
Vous salûrez ma santé.

A M. LE CHEVALIER DE CUBIÈRES.

De Feuillancour, le 11 juillet 1776.

Non, mon portrait n'est pas fidèle,
Vos jolis vers en ont menti;
Et par la Raison averti
Du mensonge je ris comme elle.
Pour se croire fils d'Apollon,
Il faudrait ne jamais vous lire :

Traître, vous me donnez son nom,
Et vous avez gardé sa lyre!

Votre missive charmante m'oblige de convenir qu'elle est mieux entre vos mains que dans les miennes. Vous me louez comme Horace, et je n'ai d'autre ressemblance avec Virgile que de m'être exposé sur les flots, et de vous avoir donné le sujet de vos vers agréables.

Croyez-moi, ne guérissez jamais de cette métromanie dont vous vous plaignez, et dont vous êtes le seul à vous apercevoir.

Pour vos amis et pour vous-même
Ayez toujours auprès de vous
Ce joli démon qui vous aime
Et dont je suis en vain jaloux.
Autrefois avec moins de grâce
Il inspirait Anacréon;
A Rome il allait sans façon
S'asseoir sur les genoux d'Horace;
Chaulieu l'énivrait à demi,
Et leurs chants présageaient les vôtres,
Vous êtes son nouvel ami
Et vous lui rendez tous les autres.

A M. DE P... DU S...

Paris, 1777.

Tu dis bien vrai, Du S..., quand une heureuse aubaine
De nos pères joyeux couronna les ébats,
Ils faisaient deux amis et ne s'en doutaient pas.
Le même astre a réglé ta naissance et la mienne.
Nous reçûmes le jour dans ces climats brûlans
Où deux fois le soleil repassant sur nos têtes

Féconde la nature, et fixe dans nos champs
Ce printemps éternel chanté par les poètes.
Là, comme on fait ailleurs, je végétai neuf ans.
Qu'on chante si l'on veut les beaux jours de l'enfance ;
Je n'en regrette aucun ; cette *aimable ignorance*
Est un bonheur bien fade aux yeux de la raison ;
  Et la saison de l'innocence
  Est une assez triste saison.
Transplantés tous les deux sur le bord de la France,
Le hasard nous unit dans un de ces cachots
Où, la férule en main, des enfileurs de mots
Nous montrent comme on parle, et jamais comme
  on pense.
Arbrisseaux étrangers, peu connus dans ces lieux,
S'il nous fallut souffrir la commune culture,
Des mains qui nous soignaient les secours dangereux
N'ont pu gâter en nous ce que fit la nature.

A peine délivrés de la docte prison,
L'honneur nous fit ramper sous le dieu des batailles,
Tu volas aussitôt aux murs de Besançon ;
Un destin moins heureux me poussa dans Versailles.

Réunis sur les flots, nous bénissons le sort ;
Mais il nous attendait aux rivages d'Afrique.
Sans doute il te souvient de cette nuit critique
Où nous allions passer du sommeil à la mort ?
Un soldat qui fumait nous retint à la vie.
Nous étions réservés à des dangers nouveaux.
J'entends encore d'ici les rochers d'*Abrolhos*
Retentir sous les coups des vagues en furie ;
Je vois notre vaisseau, dans un calme trompeur,
  Céder au courant qui l'entraîne ;
Je vois régner partout une morne frayeur,
Je lis dans tous les yeux que ma perte est certaine,
Je revois le trépas et toute son horreur.

O toi, de mes pensers dépositaire utile,
Toi, qui connais mon cœur, tu sais s'il fut ému.
    Voyant tout, mais d'un œil tranquille,
J'écrivais, presque sûr de n'être jamais lu.

Te souvient-il encor de l'homme aux quatre tentes,
De ce couvent peuplé d'Ursulines galantes,
Des maris portugais, de *dona Theresa*,
Belle comme l'Amour, plus friponne peut-être,
Infidèle d'avance à l'époux qu'elle aura,
Et nous jetant le soir des fleurs par la fenêtre?

Le port des Hollandais nous reçut à son tour.
Tu soupires sans doute, et ta bouche chrétienne
Nomme la tendre *Bergh*, jeune luthérienne,
Que ton zèle avait su convertir à l'Amour.

Nous arrivons enfin. Pardonne, ô ma patrie!
Mais je ne connus point ce doux saisissement
    Qu'on éprouve en te revoyant;
Mon âme à ton aspect ne s'est pas attendrie.
La patrie est un mot, et le proverbe ment.
    Toi seule, ô mon Éléonore,
As rendu ce jour agréable à mes yeux.
Tendre et fidèle objet d'un amour malheureux,
Peut-être tu ressens des peines que j'ignore;
Va, mon cœur les partage, et te rend tes soupirs.
En vain le sort jaloux termina nos plaisirs;
De mon bonheur passé je suis heureux encore.
Enfin, après quatre ans d'inconstance et d'erreur,
Je te suis dans Paris. Là, maître de moi-même,
Sans désirs, sans amour, paresseux par système,
Sur la scène du monde assez mauvais acteur,
Je déchire mon rôle, et deviens spectateur.
    Mon vaisseau, battu par l'orage,
A regagné le port, et n'en sortira plus.
Que dis-je, dès demain, ennuyé du rivage,

Peut-être irai-je encore l'exposer au naufrage
Sur ces mêmes écueils qu'il n'a que trop connus.
 C'est le travers de tous les hommes
De chercher le repos et de s'en dégoûter.
Ce bien si désiré n'est doux qu'à souhaiter.
 Nous ne vivons point où nous sommes ;
L'esprit vole plus loin, il voit d'autres climats,
Il en fait la peinture à notre âme séduite,
Et ce qu'il embellit a toujours plus d'appas.
 La peine est aux lieux qu'on habite,
 Et le bonheur où l'on n'est pas.

ÉPITRE
AUX INSURGENS.
1777.

Parlez donc, messieurs de Boston ?
Se peut-il qu'au siècle où nous sommes,
Du monde troublant l'unisson,
Vous vous donniez des airs d'être hommes ?
On prétend que plus d'une fois
Vous avez refusé de lire
Les billets doux que Georges trois
Eut la bonté de vous écrire,
On voit bien, mes pauvres amis,
Que vous n'avez jamais appris
La politesse européenne,
Et que jamais l'air de Paris
Ne fit couler dans vos esprits
Cette tolérance chrétienne
Dont vous ignorez tout le prix.
Pour moi, je vous vois avec peine
Afficher, malgré les plaisans,

Cette brutalité romaine
Qui vous vieillit de deux mille ans.

Raisonnons un peu, je vous prie.
Quel droit avez-vous plus que nous
A cette liberté chérie
Dont vous paraissez si jaloux ?
L'inexorable tyrannie
Parcourt le docile univers ;
Ce monstre, sous des noms divers,
Écrase l'Europe asservie ;
Et vous, peuple injuste et mutin,
Sans pape, sans rois et sans reines,
Vous danseriez au bruit des chaînes
Qui pèsent sur le genre humain !
Et vous, d'un si bel équilibre
Dérangeant le plan régulier,
Vous auriez le front d'être libre
A la barbe du monde entier !

L'Europe demande vengeance ;
Armez-vous, héros d'Albion.
Rome ressucite à Boston ;
Étouffez-la dès son enfance.
De la naissante liberté
Brisez le berceau redouté ;
Qu'elle expire, et que son nom même,
Presque ignoré chez nos neveux,
Ne soit plus qu'un vain mot pour eux,
Et son existence un problème.

DIALOGUE

ENTRE UN POÈTE ET SA MUSE.

1778.

LE POÈTE.

Oui, le reproche est juste, et je sens qu'à mes vers
La rime vient toujours se coudre de travers.
Ma muse vainement du nom de négligence
A voulu décorer sa honteuse indigence,
La critique a blâmé son mince accoutrement.
« Travaillez, a-t-on dit, et rimez autrement. »
Docile à ces leçons, corrigez-vous, ma muse,
Et changez en travail ce talent qui m'amuse.

LA MUSE.

De l'éclat des lauriers subitement épris,
Vous n'abaissez donc plus qu'un regard de mépris
Sur ces fleurs que jadis votre goût solitaire
Cueillait obscurément dans les bois de Cythère?

LE POÈTE.

Non, je reste à Cythère, et je ne prétends pas
Vers le sacré coteau tourner mes faibles pas.
Dans cet étroit passage où la foule s'empresse,
Dois-je aller augmenter l'embarras et la presse?
Ma vanité n'a point ce projet insensé,
A l'autel de l'Amour, par moi trop encensé,
Je veux porter encor mes vers et mon hommage;
Des refus d'Apollon l'Amour me dédommage.

LA MUSE.

Eh! faut-il tant de soins pour chanter ses plaisirs?
Déjà je vous prêtais de plus sages désirs.
J'ai cru qu'abandonnant votre lyre amoureuse
Vous preniez de Boileau la plume vigoureuse.

C'est alors que l'on doit, par un style précis,
Fixer l'attention du lecteur indécis,
Et par deux vers ornés d'une chute pareille
Satisfaire à la fois et l'esprit et l'oreille.
Mais pour parler d'amour il faut parler sans art ;
Qu'importe que la rime alors tombe au hasard,
Pourvu que tous vos vers brûlent de votre flamme,
Et de l'âme échappés arrivent jusqu'à l'âme?

LE POÈTE.

Quel fruit de vos conseils ai-je enfin recueilli?

LA MUSE.

Je vois que dans Paris assez bien accueilli,
Vous avez du lecteur obtenu le sourire.

LE POÈTE.

Le Pinde à cet arrêt n'a pas voulu souscrire.
Peut-être on a loué la douceur de mes sons,
Et d'un luth paresseux les faciles chansons ;
L'indulgente beauté, dont l'heureuse ignorance
N'a pas du bel esprit la dure intolérance,
A dit en me lisant : « Au moins il sait aimer. »
Le connaisseur a dit: « Il ne sait pas rimer. »

LA MUSE.

Te fit-on ce reproche, aimable Deshoulière,
Quand un poète obscur, d'une main familière,
Parcourait à la fois ta lyre et tes appas,
Et te faisait jouir du renom qu'il n'a pas?
Chaulieu rimait-il bien, quand sa molle paresse
Prêchait à ses amis les dogmes de Lucrèce?
A-t-on vu du Marais le voyageur charmant
De la précision se donner le tourment?
La muse de Gresset, élégante et facile,
A ce joug importun se rendit indocile ;
Et Voltaire, en un mot, cygne mélodieux,
Qui varia si bien le langage des dieux,
Ne mit point dans ses chants la froide exactitude
Dont la stérilité fait son unique étude.

LE POÈTE.

Il est vrai; mais la mode a changé de nos jours;
On pense rarement, et l'on rime toujours.
En vain vous disputez; il faut être, vous dis-je,
Amant quand on écrit, auteur quand on corrige.

LA MUSE.

Soit; je veux désormais, dans mes vers bien limés,
Que les Ris et les Jeux soient fortement rimés;
Je veux, en fredonnant la moindre chansonnette,
Au bout de chaque ligne attacher ma sonnette.
Mais ne vous plaignez point si quelquefois le sens
Oublié pour la rime....

LE POÈTE.

    Oubliez, j'y consens.
D'un scrupule si vain l'on vous ferait un crime.
Appauvrissez le sens pour enrichir la rime.
Trésorier si connu dans le sacré vallon,
Approche, Richelet¹, complaisant Apollon,
Et des vers à venir magasin poétique,
Donne-moi de l'esprit par ordre alphabétique.
Quoi, vous riez?

LA MUSE.

    Je ris de vos transports nouveaux.
Courage, poursuivez ces aimables travaux:

LE POÈTE.

Ce rire impertinent vient de glacer ma verve.

LA MUSE.

Qu'importe? Richelet tiendra lieu de Minerve.

LE POÈTE.

Rimez mieux.

LA MUSE.

  Je ne puis.

LE POÈTE.

    Ne rimez donc jamais.

---

* Auteur d'un *Dictionnaire des rimes*.

LA MUSE.

Je le puis encor moins.

LE POÈTE.

Taisez-vous.

LA MUSE.

Je me tais.

MADRIGAL.

Sur cette fougere, où nous sommes,
Six fois, durant le même jour,
Je fus le plus heureux des hommes.
Nous étions seuls avec l'Amour.
Sur les lèvres de mon amie
S'échappait mon dernier soupir;
Un baiser me faisait mourir,
Un autre me rendait la vie.

MADRIGAL

A MADAME DE T...

Non, jamais un chant plus flatteur
N'embellit deux lèvres de rose;
La flûte avec moins de douceur
Vient chatouiller l'oreille qui repose;
Ces accens que l'Amour vous apprit à former
Se font entendre au cœur mieux qu'à l'oreille :
Heureux qui peut ouvrir cette bouche vermeille,
Et plus heureux cent fois qui peut vous la fermer!

A M. LE CHEVALIER DE PARNY,

QUI VENAIT D'ENVOYER A L'AUTEUR SES OPUSCULES POÉTIQUES.

J'ai cru qu'il n'était plus le chantre de Délie,
    Cet amant tendre et délicat,
    Qui dans une joyeuse orgie
    Brillait plus que dans un combat;
    Qui, devant les toits de sa dame,
Aux dangers de l'amour seulement aguerri,
Passait la nuit parfois en rêvant à sa flamme,
    Et grisait parfois le mari
    Pour être seul avec la femme.
J'ai cru qu'ils n'étaient plus; ami, pardonne-moi;
    Tes jolis vers, même ta prose,
    M'annoncent qu'il revit en toi,
Et je commence à croire à la métempsycose.

                Le chevalier DE CUBIÈRES.

RÉPONSE.

Je le vois bien, l'amitié rend crédule :
Quoi! votre esprit, trompé par votre cœur,
De Pythagore adopterait l'erreur,
Et, selon vous, au siècle de Catulle
Je fus connu sous le nom de Tibulle?
S'il est ainsi, quelquefois sans témoins
J'ai caressé la volage Délie,
J'en conviendrai; mais convenez du moins
Que vous couchiez alors avec Julie.

A BERTIN.

Crois-moi, la brillante couronne
Dont tu flattes ma vanité,
C'est l'Amitié qui me la donne
Sans l'aveu de la Vérité.
Fruits légers de ma faible veine,
Cet honneur n'est point fait pour vous;
Modestes et connus à peine,
Vous me ferez peu de jaloux.
Il est vrai qu'à la noble envie
D'être célèbre après ma mort
Je ne me sens pas assez fort
Pour sacrifier cette vie.
Dans les sentiers d'Anacréon
Egarant ma jeunesse obscure,
Je n'ai point la démangeaison
D'entremêler une chanson
Aux écrits pompeux du Mercure;
Et je renonce sans murmure
A la trompeuse ambition
D'une célébrité future.
J'irai tout entier aux enfers.
En vain ta voix douce et propice
Promet plus de gloire à mes vers:
Ma nullité se rend justice.
Nos neveux, moins polis que toi,
Flétriront bientôt ma couronne:
Peu jaloux de vivre après moi,
Je les approuve et leur pardonne.

ÉPITAPHE.

Ici gît qui toujours douta.

Dieu par lui fut mis en problême :
Il douta de son être même.
Mais de douter il s'ennuya :
Et las de cette nuit profonde,
Hier au soir il est parti,
Pour aller voir en l'autre monde
Ce qu'il faut croire en celui-ci.

A LA HARPE,

SUR SA COMÉDIE DES MUSES RIVALES.

Enfin, grâce à ma diligence,
J'ai vu des neuf Sœurs que j'encense
La charmante rivalité;
J'ai vu l'hommage mérité
Que sur la scène de Thalie
Le Goût vient de rendre au Génie.
Sans doute ce succès flatteur
Et pour le mort et pour l'auteur
Attriste doublement l'Envie.
Mais dût-elle se courroucer,
J'ai dit, et ma bouche est sincère :
» Quand on chante aussi bien Voltaire,
On commence à le remplacer «.

A BERTIN.

Que tu sais bien, flatteur habile,
Au doux bruit d'un éloge avec art apprêté,
Endormir la raison, et dans un vers facile
Chatouiller finement l'amour-propre enchanté!

Que ta plume, avec goût blessant la vérité,
Sait, même en la flattant, ménager ma faiblesse,
  Et préparer avec délicatesse
  Le poison de la vanité!
De ses molles vapeurs ma Muse se défie :
  Elle a trouvé tes vers charmans,
  Mais elle n'a pas la folie
  De croire à tes propos galans ;
  Elle sait que la Poésie
N'est pas fort scrupuleuse, et que dans tous les temps,
Des tristes vérités implacable ennemie,
Elle aima mieux mentir et paraître jolie,
Que d'être plus sincère et d'ennuyer les gens.

A MONSIEUR

LE CHEVALIER DE PARNY.

 Des tendres airs que vous notez
 Tibulle n'est point le modèle,
 Et sa Délie était moins belle
 Que la nymphe que vous chantez ;
 A l'art du grand docteur Ovide
 Vous prêtez de nouveaux attraits,
 Et la fraîcheur de vos bouquets
 Rajeunit les jardins de Gnide.
 Pour avoir votre aimable ton,
 Votre voix facile et sonore,
 Il faut partager le gazon
 Foulé par votre Éléonore.
 Hélas! dans ma jeune saison,
 J'aimais à chanter la tendresse :
 L'Amour bercé par la paresse
 Était alors mon Apollon.

Mais l'Amour fut bientôt rebelle,
Il n'inspira plus mes concerts;
C'est à vous seul qu'il est fidèle;
Il garda pour tracer vos vers
La plume de sa dernière aile.

M Doigny du Ponceau.

RÉPONSE.

Aimable élève des neuf Sœurs,
Vos vers que je relis sans cesse,
Vos vers charmans et trop flatteurs
Sont parvenus à leur adresse :
Votre muse écrit de la cour *,
Et l'on sait que dans ce séjour
La Vérité ne parle guère.
C'est ici que l'on est sincère.
Vous louez ces vers qu'en passant
Je traçai jadis à Cythère;
Vous les louez : en vous lisant,
Je m'aperçois qu'on peut mieux faire.
Votre cœur se plaint des Amours!
Hélas! qui n'a pas à s'en plaindre?
Mais l'humeur dicte ce discours,
Ou vous prenez plaisir à feindre.
Votre maîtresse, dites-vous,
A vos vœux fut bientôt rebelle :
C'est une erreur, nous savons tous
Que la Gloire vous est fidèle.

* M. Doigny était gentilhomme ordinaire du roi.

PORTRAIT.

Zélis est aimable et jolie :
On lui trouve, de loin, un air de volupté.
De près, c'est bien Vénus, mais Vénus assoupie;
L'âme et l'expression manquent à sa beauté.
Le travail d'exister accable sa paresse.
Sa langueur, quelquefois, ressemble à la tendresse.
    Et dans sa langueur elle plait.
  Un long sommeil fait son bonheur suprême.
    En vous jurant qu'elle vous aime,
    En vous disant l'heure qu'il est,
    Son ton sera toujours le même.

Si je peignais Zélis, sous mes crayons nouveaux
    S'élèverait une île solitaire,
Inaccessible au bruit, chère au dieu du repos.
Un fleuve, avec lenteur, y traînerait ses flots;
    Jamais l'Aquilon téméraire
N'oserait y troubler la surface des eaux;
  Zéphyre même y soufflerait à peine.
  Sur le gazon qui couvrirait la plaine
    Je sèmerais des lis et des pavots.
Les ruisseaux couleraient, mais sans aucun murmure.
De tranquilles amans, couchés sur la verdure,
Dans leurs molles chansons rediraient leurs plaisirs.
Les regrets ni les soins, l'espoir ni les désirs,
  Ne troubleraient le sommeil de leur âme :
  Jamais l'Amour n'y serait une flamme.

Sur un autel de marbre on y ferait des vœux
  Au Dieu du calme et du silence;
  Zélis régnerait dans ces lieux,
  Et son nom serait l'Indolence.

FIN DU TOME PREMIER.

TABLE DES MATIÈRES

CONTENUES DANS LE PREMIER VOLUME.

Notice sur Parny et ses ouvrages. 5
Poésies érotiques. 13
La Journée champêtre. 87
Les Fleurs. 115
Jamsel, anecdote historique. 122
Les Tableaux. 128
Les Déguisemens de Vénus, tableaux imités du grec. 136
Le Voyage de Céline, conte en vers. 165
Mélanges. 184

FIN DE LA TABLE.

www.ingramcontent.com/pod-product-compliance
Lightning Source LLC
Chambersburg PA
CBHW071947160426
43198CB00011B/1578